Das Massaker von Paris
Die Historie von Doktor Faustus

Marlowes Dramen
Band 1

Christopher Marlowe

Das Massaker von Paris
Die Historie von Doktor Faustus

Deutsch von Dietrich Schamp
Mit Nachworten 1972 und 1999

Verlag Uwe Laugwitz
1999

© Verlag Uwe Laugwitz,
D-21244 Buchholz in der Nordheide, 1999

Bühnenrechte beim Verlag Felix Bloch Erben,
Hardenbergstr.6, D-10623 Berlin

ISBN 3-933077-04-4

Inhalt

	Seite
Das Massaker von Paris	
Personenverzeichnis	8
Text	10
Aus dem Nachwort 1972	64
Die Historie von Doktor Faustus	
Personenverzeichnis	80
Text	81
Nachwort 1972	141
Nachwort zu beiden Stücken 1999	172

THE
MASSACRE
AT PARIS:

With the Death of the Duke
of Guise.

As it was plaide by the right honourable the
Lord high *Admirall* his Seruants.

Written by *Christopher Marlow.*

AT LONDON
Printed by *E. A.* for *Edward White*, dwelling neere
the little North doore of S. Paules
Church, at the signe of
the Gun.

Christopher Marlowe

Das Massaker von Paris

HAUPTROLLEN

Catharina von Medici, Königin Mutter von Frankreich
Charles IX., ihr erster Sohn, König
Der Herzog von Anjou, ihr zweiter Sohn, später König
　Henri III.
Der König von Navarra
Der Herzog von Guise

EPISODENROLLEN

Marguerite, Tochter Catharinas, Braut des Königs von Navarra
Der Prinz von Condé, Vetter des Königs von Navarra
Der Admiral Coligny-Chatillon
Jeanne, Königin Mutter von Navarra
Ein Apotheker
Ein Soldat
Der Herzog von Mayenne　　⎫
Der Kardinal von Lothringen ⎬ Brüder des Guise
Lodovico Gonzaga　　　　　⎫
Der Graf von Retz　　　　　 ⎬ Anhänger des Guise
Der Graf von Montsoreau　　⎭
Léran, ein Hugenottenprediger
Seroun, ein Hugenotte
Serouns Weib
Petrus Ramus, Professor der Logik
Taleus, sein Freund
Zwei Schulmeister (stumm)
Zwei polnische Edelleute (einer stumm)
Zwei Männer (im Dienst des Guise)

Epernon
Maugiron } Günstlinge von Henri III.
Joyeuse
Du Plessis } Anhänger des Königs von Navarra
Du Bartas
Ein Taschendieb
Die Herzogin von Guise
Ihr Mädchen
Der Hauptmann der königlichen Garde
Drei Mörder
Der junge Sohn des Guise
Ein Mönch
Ein Wundarzt
Ein englischer Gesandter (stumm)
Boten, Soldaten, Hugenotten, Hofgefolge

ZEIT: 1572-1589

1. Szene

(Charles, der französische König; Catharina von Medici, die Königin
Mutter; der junge König von Navarra; Marguerite, seine Braut;
der Prinz von Condé; der Admiral Coligny; und andere.)

CHARLES: Prinz von Navarra, mein verehrter Schwager,
Prinz von Condé und mein Herr Admiral,
Ich wünsche mir, daß dieser heilige Bund,
Geknüpft durch diese Hände, diese Heirat,
Sich nie auflöse, bis der Tod uns auflöst,
Und daß die Funken unsrer Fürstenliebe,
Die diese Herzensregungen entflammt,
In unsren Nachkommen stets Nahrung finden.
NAVARRA: Euer Gnaden große Gunstbezeigungen
Von Zeit zu Zeit, aber besonders hierin,
Binden mich ewig an Euer Hoheit Willen,
Was Eure Mutter auch und Ihr befehlt.
CATHARINA: Danke, mein Sohn Navarra. Daß wir Euch sehr lieben,
Erseht Ihr draus: wir geben Euch die Tochter;
Denn wie Ihr wißt, könnt unser Zwist im Glauben
Ein Mittel sein, die Heirat zu verhindern.
CHARLES: Madame, laßt das nun ruhn!
Und jetzt, Messieurs, am End der Hochzeitsriten,
Halt ich's für gut, ein übriges zu tun,
Indem wir eine heilige Messe hören:
Schwester, ich denk, I h r werdet mit uns gehn.
MARGUERITE: Das werd ich, Sire.
CHARLES: Die übrigen, die nicht gehn, mögen warten!
Kommt, Mutter,
Gehn wir, den feierlichen Bund zu ehren!

CATHARINA (beiseit):
Den ich bald auflös, und mit Blut und Schrecken.
(Charles, Catharina, Marguerite usw. ab.
Navarra, Condé und der Admiral bleiben.)
NAVARRA: Prinz von Condé und mein Herr Admiral,
Jetzt kann Guise wüten, doch uns wenig schaden:
Auf unsrer Seite König, Königin Mutter,
Die Bosheit seines Herzens abzuwehren,
Das allen Protestanten Mord und Tod wünscht.
Habt Ihr gehört, wie kürzlich er befahl,
Sobald der König eingewilligt hätte,
Daß alle Protestanten in Paris
Die nächste Nacht ermordet werden sollten?
ADMIRAL: Sire, ich erstaune, daß der dreiste Guise
Ohne des Königs Billigung es wagt,
Solche Gefährlichkeiten zu riskieren.
CONDÉ: Monsieur, Ihr müßt über den Guise nicht staunen,
Denn was der immer tut, der Papst wird's billigen:
Mord, jedes Unheil, jede Tyrannei.
NAVARRA: Doch Er, der über Wolken sitzt und herrscht,
Er höret die Gebete der Gerechten —
Und wird das Blut der Unschuldigen rächen,
Die je der Guise mit Heimtücke erschlug
Und vor der Zeit durch Mord ums Leben brachte.
ADMIRAL: Sire, aber gabt Ihr auf den Kardinal acht,
Bruder des Guise, Herzog Mayenne desgleichen:
Wie gegen Eure Hochzeit sie gewütet,
Weil jetzt das Haus Bourbon hier auf den Plan tritt,
Euer Stamm der Krone Frankreichs sich verbindet?
NAVARRA: Deswegen schäumt der Guise so gegen uns,

Martert sein Hirn, wie er uns Netze stelln kann,
Die todbringende Fallen für uns wären.
Messieurs, laßt uns zur Kirche gehn und beten,
Daß Gott das Recht von Frankreich stets beschütze
Und daß im Land sein Evangelium blühe!
(Alle ab.)

2. Szene

(Der Herzog von Guise.)

GUISE: Wenn je Gott Hymen Hochzeitsfeiern haßte
  Und die Altäre düsterfarbig deckte;
  Wenn je die Sonne Wolken blutig färbte
  Und so der Himmel schrecklich auf die Welt sah;
  Wenn je der Tag zu garstiger Nacht gemacht wurd
  Und solche Nacht schien wie der Hauch der Hölle;
  Der Tag heut, diese Stunde, diese Nacht
  Soll allen Groll davon vereint aufweisen.
  Apotheker!
(Apotheker kommt.)
APOTHEKER: Monsieur?
GUISE: Jetzt will ich gründlich deine Liebe prüfen,
  Die du dem Hause Guise entgegenbringst.
  Wo sind die parfümierten Handschuhe,
  Die ich geschickt: sprich, hast du sie vergiftet?
  Geht jeder Duft mit Todesqualen schwanger?
APOTHEKER: Seht, wo sie sind, Monsieur!
  Und der, der nur dran riecht, muß sterben!
GUISE: Du bleibst also entschlossen?

APOTHEKER: Ja, Monsieur,
  Was auch Euer Gnaden befiehlt: bis in den Tod.
GUISE: Danke, mein Freund, ich will die Liebe lohnen.
  Geh nun, und überreich sie Königin Jeanne,
  Der Alten aus Navarra: ist doch sie
  Die ungeheure Schmach in unsern Augen,
  Die diese Ketzerein in Frankreich macht!
  Fort nun, mein Freund, laß sie ihr schnellstens zugehn!
            (Apotheker ab.)
  Soldat!
            (Soldat kommt.)
SOLDAT: Monsieur?
GUISE: Jetzt komm du her, und spiel du deine Rolle:
  Stell dich wo an ein Fenster nah der Straße,
  Und kommt der Admiral vorbeigeritten,
  Feuer dein Gewehr ab, und schick ihm den Tod!
  Danach belohn ich dich mit Haufen Gold.
SOLDAT: Ich tu's, Monsieur.
            (Soldat ab.)
GUISE: Jetzt, Guise, beginnt dein tief gezeugtes Sinnen,
  Jenes nie sterbende Feuer auszubreiten,
  Das man mit nichts mehr löschen kann als Blut!
  Oft hab gedacht ich, und zuletzt gelernt:
  Das Wagnis ist der grad'ste Weg zum Sieg,
  Entschlossenheit das schönste Ziel der Würde.
  Welch Ruhm ist denn in allgemeinem Glück,
  Das da erreichbar hängt für jeden Bauern?
  Ich lieb mir das, was darüber hinausfliegt!
  Setzt vor mich hin die hohen Pyramiden,
  Und darauf setzt das Diadem von Frankreich,

Ich reiß entweder ein sie mit den Nägeln,
Oder ich streb auf Schwingen nach der Spitze,
Sei auch mein Fall der Sturz in tiefste Hölle!
Deswegen wach ich, wenn man denkt, ich schlafe;
Deswegen laur' ich, der sonst Warten haßt;
Deswegen hab mit unlöschbarem Durst
Oft Heirat ich ins Königshaus erwogen.
Deswegen brütet dieser Kopf, dies Herz,
Führt diese Hand und dieses Schwert dann aus
Dinge von Gewicht, geargwöhnt von vielen,
Jedoch durchschaut von keinem.
Deswegen hat der Himmel mich gezeugt,
Deswegen trägt die Erde meinen Leib,
Mit dessen Last ich eine Krone aufwieg
Oder die Welt mit Aufruhr plagen will!
Deswegen schickt der große Katholik
Aus Spanien Gold, daß ich mir Münzgeld präge.
Deswegen hab ich ein Geschenk vom Papst,
Ein Jahrgeld und einen Dispens dazu.
Und um mit solchem Vorteil auch zu drohn,
Nutzt meine Politik die Religion.
Die Religion! O Diabole!
Ich fühle Scham, wie immer ich auch scheine,
Daß da ein Wort von solchem simplen Klang
Zum Grund für Dinge wird von solchem Rang!
Der weiche König, unbeherrscht in Lüsten,
Schwächt seinen Leib, und wird sein Reich zerstören,
Wenn ich nicht reparier, was er ruiniert;
Ihn gewinn ich täglich, wie ein Kind, mit Worten,
Drum wird im Grund er König nur genannt:

Ich kommandier, und er erträgt die Schand'.
Die Königin Mutter tuet für mich Wunder,
Begräbt in Liebe zu mir Frankreichs Hoffnung:
Plündert die Eingeweide ihrer Kassen,
Um alles meinen Wünschen anzupassen.
Paris hat volle fünfhundert Kollegien,
Wie Klöster, Priorein, Abtein und Schulen,
Darin sind dreißigtausend kräftige Männer,
Nebst tausend handfesten Seminaristen
Und mehr — nach meinem Wissen nährt ein Kloster
Fünfhundert fette Franziskanerbrüder —
All das und mehr, falls mehr ersonnen wird,
Um unser Trachten an ein Ziel zu bringen.
Drum, Guise,
Da alle Karten du in Händen hast,
Um sie zu mischen, sieh, daß du gut schiebst:
Daß du dir selber einen König gibst!
Ja, nur Navarra, Navarra: ein Winkel nur von Frankreich,
Jedoch genug für solchen kleinen König,
Der mit Zusammenlauf von seinen Ketzern
Europas Augen blendet und uns stört!
Ihn werden wir —
    (Er weist auf sein Schwert.)
Doch erst wolln wir in Frankreich die verfolgen,
Die uns auf unserm Weg zur Krone hindern.
Wie Caesar seinen Kriegern, so sag ich:
Den, der mich haßt, will ich verabscheun lernen.
Gebt einen Blick mir, daß, runzl' ich die Stirn,
Der bleiche Tod mir auf dem Antlitz sitzt;
Gebt eine Hand, den Weltball zu umgreifen;

Ein Ohr, um die zu hören, die mich schmähen;
Gebt einen Thron, ein Zepter, eine Krone,
Daß die, die herschauen, wie Menschen werden,
Die stehn und staunend in die Sonne starren!
Der Plan ist fertig; und geschehn wird einiges,
Wo da Entschlossenheit zum Siege strebt.

(Ab.)

3. Szene

(Der König von Navarra; seine Braut Marguerite; seine Mutter
Jeanne, die alte Königin von Navarra; der Prinz von Condé;
der Admiral Coligny; der Apotheker mit den Handschuhen,
die er der alten Königin gibt.)

APOTHEKER: Madame, ich ersuch Euer Gnaden, dies einfache Geschenk anzunehmen.
JEANNE: Dank, lieber Freund: wart, nimm du dies als Lohn!
APOTHEKER: Untertänigsten Dank, Majestät.
(Apotheker ab.)
JEANNE: Die Handschuh sind, scheint's, sehr stark parfümiert,
Der Geruch davon macht, daß ich Kopfweh krieg.
NAVARRA: Kennt Euer Gnaden den Mann, der sie Euch gab?.
JEANNE: Nicht gut; doch ich entsinn mich dieses Menschen.
ADMIRAL: Dann war Euer Gnaden schlecht beraten,
Sie anzunehmen: die Zeiten sind gefährlich.
JEANNE: Hilf, Sohn Henri, ich bin vergiftet!
MARGUERITE: Gott bewahre
Eure Hoheit vor solch einem Unglück!
NAVARRA: Der Argwohn kürzlich gegen Herzog Guise

Hätt Eure Hoheit zögern lassen sollen,
Solch ein gefährliches Geschenk zu nehmen.
MARGUERITE: Zu spät ist es, Monsieur – gesetzt, es stimmt –
Ihre Hoheit jetzt zu tadeln; doch ich hoffe,
Nur ein natürlich Unwohlsein befiel sie.
JEANNE: O nein, liebste Marguerite, das Todesgift
Wirkt hier in meinem Kopf, mein Hirn zerreißt,
Mein Herz setzt aus: ich sterbe!
(Sie stirbt.)
NAVARRA: Vergiftet meine Mutter hier vor meinen Augen!
O gnädiger Gott, welch Zeiten sind dies?
O end', mein Gott, mit ihr'n auch meine Tage,
Daß ich mit ihr sterb' und find' ewiges Leben!
MARGUERITE: Laß diesen Trauerfall nicht, teuerster Gatte
(Vor dessen Auswirkung ich zittere),
Dein gütig Herz mit frischem Haß durchdringen,
Um unser plötzlich Elend noch zu steigern!
ADMIRAL: Kommt, laßt uns ihren Leib von hier wegtragen
Und ihn mit Feierlichkeit würdig ehren!
(Während sie gehen, schießt der Soldat
seine Muskete auf den Admiral ab.)
CONDÉ: Was, mein Herr Admiral, seid Ihr verletzt?
ADMIRAL: Ja, lieber Freund, hier durch den Arm geschossen.
NAVARRA: Wir sind umgarnt! Kommt, Messieurs, laßt uns gehn
und dem König davon berichten!
ADMIRAL: Dies ist die Guise-Partei: sie suchen unsern Tod!
O, unheilbringend war uns diese Heirat!
(Alle ab, die tote Königin mit sich tragend.)

4. Szene

(a)

(König Charles; Catharina; der Herzog von Guise; der Herzog
von Anjou; der Herzog von Mayenne; Leibwachen.)

CATHARINA: Mein edler Sohn, erlauchter Herzog Guise,
   Jetzt haben wir das sonst zerstreute Wild
   Ganz im Bereich von todbringenden Netzen,
   Und was wir jüngst beschlossen, kann geschehn.
CHARLES: Madame, 's wird in der Welt gebrandmarkt werden
   Als eine Bluttat und Tyrannenwerk:
   Hauptsächlich, weil, durch unser Wort gesichert,
   Sie ihren Schutz mit Recht verlangen können.
   Zudem: mein Herz erweicht, daß edle Menschen,
   Lediglich in der Religion verführt,
   Frauen von Ehre, Ritter, Chevaliers,
   Für ihren Glauben mitleidlos solln sterben.
ANJOU: Solln noble Geister fremdes Leid auch nachfühln,
   Schaun doch die klügsten nach dem eignen Schmerz:
   Und werden lieber ihre Feinde geißeln
   Als das Objekt der Peitsche selber sein.
GUISE: Ich glaube, Sire, Anjou hat gut geraten,
   Und Eure Hoheit überdenkt die Sache —
   Indem Ihr lieber Eures Landes Glück wählt,
   Als um die anmaßenden Ketzer klagt.
CATHARINA: Ich hoff, die Gründe dienen meinem Sohn,
   Sich etwas vorzusehn, aus Furcht vor Feinden.
CHARLES: Nun gut, Madame, ich überlaß es Euch,

Und meinem Vetter hier, Herzog von Guise:
Was Ihr entscheidet, werd ich gutheißen.
CATHARINA: Dank, mein erlauchter Sohn. Dann sagt mir, Guise,
Wie denkt Ihr Euch den Ablauf des Massakers?
GUISE: So, Madame.
Die, die in dem Massaker handeln solln,
Solln weiße Kreuze auf den Helmen haben
Und weiße Binden um die Arme tragen:
Wer die nicht hat, und wird der Ketzerei verdächtigt,
Soll sterben, sei er König oder Kaiser.
Dann will ich —
Kanonendonner, von der Burg geschossen,
Bei dem —
Sie all' hervorbrechen: die Straßen nehmen.
Und dann —
(Parole so gegeben) — Glockenläuten.
Wenn sie das hörn, solln sie zu töten anfangen;
Und solln nicht aufhörn, bis die Glocken aufhörn,
Dann etwas ausruhn.
(Ein Diener des Admirals kommt.)
CHARLES: Nun, Bursche, was gibt's?
DIENER: Verzeihn Euer Gnaden, der Herr Admiral
Wurd auf der Straße heimtückisch beschossen
Und bittet untertänigst Euer Majestät,
Sein Krankenlager zu besuchen.
CHARLES: Sag ihm, ich käme auf der Stelle zu ihm!
(Diener ab.)
Was machen wir jetzt mit dem Admiral?
CATHARINA: Am besten wär: Euer Majestät besucht ihn
Und tut zum Schein, als wär alles gut.

CHARLES: Gut, einverstanden: geh ich ihn besuchen!
GUISE: Und ich treff Maßnahmen für seinen Tod!
(Guise-Partei ab.)

(b)

(Oberbühnen-Vorhang auf: der Admiral in seinem Bett.
Der König zu ihm.)

CHARLES: Wie geht es meinem lieben Admiral:
    Er wurd verletzt von Schurken auf der Straße?
    Ich schwör, so wahr ich König bin von Frankreich,
    Den Mann zu finden und mit Tod zu strafen —
    Langsamem Tod und unerhörten Foltern —
    Der es gewagt, in Hoffnung auf Gewinn,
    Den zu verletzen, den sein Herrscher liebt!
ADMIRAL: Ah, lieber Herr, dies sind die Guiseaner,
    Die unsre Leben auszulöschen trachten.
CHARLES: Versichert seid, mein lieber Admiral,
    Ich bin erbittert wegen Eurer Unbill;
    Und sorge mich um meinen eignen Schutz
    Nicht mehr als darum, daß auch Ihr geschützt seid.
    Cossin, nehmt zwanzig unsrer stärksten Wachen,
    Und als Befehlshaber begegnet Ihr
    Aller Gewalt auf unsern edlen Freund,
    Indem Ihr mit sofortigem Tod bestraft,
    Wer's nochmal wagt und unsern Frieden bricht!
    Und so beruhigt Euch, mein Admiral,
    Und jede Stunde will ich Euch besuchen.
ADMIRAL: Ich dank Euer königlichen Majestät.
(Alle ab.)

5. Szene

(a)

(Guise, Anjou, Mayenne, Gonzaga, Retz, Montsoreau und Soldaten.)

GUISE: Anjou, Mayenne, Gonzaga, Retz,
 Schwört bei dem weißen Kreuz auf Euern Helmen,
 Alles zu töten, was Euch ketzerisch dünkt!
MAYENNE: Ich schwör bei dem, erbarmungslos zu sein!
ANJOU: Ich bin maskiert, 's weiß keiner, wer ich bin,
 Drum will ich alle morden, die ich treff!
GONZAGA: Das will auch ich!
RETZ: Auch ich!
GUISE: Auf denn, brecht in das Haus des Admirals!
RETZ: Ja, liquidiert den Admiral zuerst!
GUISE: Den Admiral,
 Hauptbannerträger für die Lutheraner,
 Wolln wir zum Auftakt des Massakers töten
 In seinem Bett!
 Gonzaga,
 Führt Ihr sie hin,
 Umringt das Haus: daß keiner leben bleib!
ANJOU: Auch ich befehl's! Schweizer, bewacht die Straßen!
 An jeder Ecke steh' des Königs Garde!
GONZAGA: Kommt, Messieurs, folgt mir!
 (Gonzaga mit einigen ab.)
ANJOU: Cossin, Hauptmann der Leibwache des Admirals,
 Von meinem Bruder eingesetzt,
 Wird nun verraten, was er schützen soll.

Jetzt, Guise, werden die Katholiken wieder aufblühn:
Fiel erst ihr Haupt dort, widersteht kein Glied.
RETZ: Schaut, Herr, 's gibt was im Haus des Admirals!
> (Man wird den Admiral im Bett gewahr;
> Gonzaga dringt mit Soldaten ins Zimmer.)

ANJOU: Wir haben Glück: bewachen wir die Gasse
Und töten seine Diener, die herauskommen!
GONZAGA: Wo ist der Admiral?
ADMIRAL: O laßt mich beten, eh ich sterbe!
GONZAGA: Dann bet zu Unsrer Lieben Frau: küß dieses Kreuz!
> (Ersticht ihn.)

ADMIRAL: O Gott, vergib mir meine Sünden!
GUISE: Gonzaga, he, ist er tot?
GONZAGA: Ja, Monsieur.
GUISE: Dann werft ihn runter!
> (Der Leichnam des Admirals wird heruntergeworfen.)

ANJOU: Nun, Vetter, schaut ihn Euch gut an: vielleicht ist es
irgendein andrer, und er entwischte!
GUISE: Vetter, er ist's, ich kenn ihn an den Mienen.
Sieh, wo ihm mein Soldat den Arm durchschoß!
Er traf ihn schlecht, doch unser Schlag jetzt saß.
Ah, gemeiner Chatillon, degeneriert,
Hauptbannerträger für die Lutheraner,
So, aus Verachtung deiner Religion,
Tritt dir der Guise in deinen toten Balg!
ANJOU: Fort mit ihm, fort: trennt ab ihm Kopf und Hände,
Und sendet sie als ein Geschenk dem Papst!
Wenn dies gerechte Rachewerk vollendet,
Wolln wir zum Galgenberg den Leichnam schleifen,
Und er, der so das Kreuz gehaßt im Leben,

Er sei im Tode drangehängt in Ketten!
GUISE: Anjou, Gonzaga, Retz, wenn auch Ihr drei
 Entschlossen seid so wie Mayenne und ich,
 Dann soll kein Hugenott in Frankreich atmen!
ANJOU: Ich schwör bei diesem Kreuz, wir wolln's nicht halb tun,
 Sondern so viele töten, wie wir fassen!
GUISE: Montsoreau, geht, schießt die Kanonen ab,
 Daß alle, die die Straßen abgesperrt,
 Ihre Parole hörn: drauf Glockenläuten,
 Und so dann vorwärts mit uns zum Massaker!
MONTSOREAU: Ich geh, Monsieur.
 (Montsoreau ab.)
GUISE: Und jetzt, Messieurs, jetzt voll zu unsrer Sache!
ANJOU: Anjou folgt dir!
MAYENNE: Und auch Mayenne!
 (Kanonendonner, dann Glockenläuten.)
GUISE: Kommt also, los!
 (Alle ab.)

(b)

(Der Guise erscheint wieder, auch alle übrigen,
mit gezogenen Schwertern, auf Protestantenjagd.)

GUISE: Tuez! Tuez! Tuez! Laßt keinen fliehn!
 Tötet die Hugenotten!
ANJOU: Schlagt sie tot!
 (Alle ab.)

(c)

(Léran kommt angelaufen, der Guise und die übrigen verfolgen ihn.)

GUISE: Léran! Léran! Da ist Léran! — Kerl,
　Bist du nicht Prediger bei diesen Ketzern?
LÉRAN: Ich bin ein Prediger der Wahrheit Gottes,
　Den du verrätst, und mit ihm deine Seele!
GUISE: „Mein lieber Bruder" — so steht es geschrieben!
　　　　　(Durchbohrt ihn.)
ANJOU: Bleibt stehn, Monsieur, laßt mich den Psalm anstimmen!
GUISE: Kommt, schleift ihn weg, und werft ihn in die Gosse!
　　　　　(Alle ab.)

(d)

(Montsoreau kommt und klopft an Serouns Tür.)

SEROUNS WEIB: Wer ist da?
MONTSOREAU: Montsoreau, vom Herzog von Guise.
SEROUNS WEIB: Mann, komm herunter, hier ist einer, der dich
　sprechen will, vom Herzog von Guise!
　　　　　(Seroun kommt.)
SEROUN: Mich sprechen, von solch einem Mann wie dem?
MONTSOREAU: Ja, hierum geht's, Seroun: du sollst das haben!
　　　　　(Zeigt seinen Dolch.)
SEROUN: O laß mich beten, eh ich sterben muß!
MONTSOREAU: Schließ ab denn, schnell!
SEROUN: O Christus, mein Erlöser!
MONTSOREAU: Christus, Halunke? Wie darfst du dir anmaßen,

Christus anzurufen, ohne die Fürbitte irgendeines Heiligen?
Sankt Jakobus ist mein Heiliger: bete zu ihm!
SEROUN: O laß mich zu meinem Gott beten!
MONTSOREAU: Dann nimm dies!
(Ersticht ihn. Ab.)

(e)

(Ramus in seinem Studio.)

RAMUS: Welch furchtbares Geschrei kommt von der Seine,
   Den armen Ramus von den Büchern schreckend!
   Ich fürcht, die Guise-Partei ist übern Fluß
   Und will mir wieder einmal drohn.
(Taleus kommt.)
TALEUS: Flieh, Ramus, flieh, wenn du dein Leben liebst!
RAMUS: Sag mir, Taleus, warum soll ich fliehn?
TALEUS: Die Guise-Leute sind fast an deiner Tür
   Und wolln uns morden: horch, horch, sie kommen!
   Ich spring aus dem Fenster.
(Er tut es.)
RAMUS: Geliebter Taleus, bleib!
(Gonzaga und Retz kommen.)
GONZAGA: Wer geht da fort?
RETZ: Es ist Taleus, Ramus' Bettgenoß.
GONZAGA: Wer bist du?
TALEUS: Ich bin, was Ramus ist: ein Christenmensch.
RETZ: O laßt ihn gehen, er ist ein Katholik!
(Taleus ab. Ramus kommt dazu.)
GONZAGA: Komm, Ramus, mehr Gold, oder du machst mit dem

Dolch Bekanntschaft!
RAMUS: Ah, ich bin ein Gelehrter, wie käm ich zu Gold?
Alles, was ich hab, ist mein Gehalt vom König,
Das, kaum empfangen, schon verzehrt ist!
(Guise, Anjou, Mayenne und andere kommen.)
ANJOU: Wen habt Ihr da?
RETZ: Es ist Ramus, des Königs Professor der Logik.
GUISE: Stecht ihn ab!
RAMUS: O bester Herr,
Worin hat Ramus sich so schwer vergangen?
GUISE: Ja, mein Bester —
Indem von allem du ein wenig nipptest,
Doch einer Sache nie bis auf den Grund gingst!
Warst du's nicht, der das Organon verhöhnte[*]
Und schrieb, es wär ein Haufen Nichtigkeiten?
Der, der ein platter Schubfachdenker ist,
In nichts bewandert ist als in Extrakten,
Der ist, wie du meinst, ein gelehrter Mann!
Und der muß gehen und in Deutschland predigen,[**]
Einwände machen gegen Doktorsätze
Und gegen „ipse dixi"[***] mit dem Trick:
„Argumentum testimonii est inartificiale!"[****]
Um dem zu widersprechen, sage ich:
Ramus soll sterben! Was sagst du wohl darauf?

---

[*] Bei einer heutigen Aufführung sollte man hiernach vielleicht eine erklärende Zeile einfügen: „Das Logikbuch des Aristoteles".

[**] Ramus hatte in Heidelberg Vorlesungen gehalten.

[***] ipse dixi = i c h habe es gesagt: das Argument, daß eine Behauptung wahr ist, weil der Betreffende sie aufgestellt hat.

[****] Das Argument ist als Beweis nicht kunstgerecht.

Dein „nego argumentum"* hilft nicht, Kerl!
Tötet ihn!
RAMUS: O Herr, laßt mich nur ein paar Worte sagen!
ANJOU: Gut, bitte!
RAMUS: Nicht für mein Leben will ich diesen Aufschub,
Sondern mich reinigen in solcher Stunde,
In der ich das bedenk, was ich geschrieben;
Was, wie ich hör, ein Scheckius übelnimmt,**
Weil meine Werke, drei nur, seine all' umfassen.
Ich sah, das Organon, es war verworren,
Und ich versetzte es in bessre Form.
Und dies sag ich zu Aristoteles:
Daß der, der ihn verschmäht, nie gut sein kann
In Logik und Philosophie.
Und das, weil grad die Trottel der Sorbonne
So viel von ihren eignen Werken tönen
Wie bei der Huldigung an ewige Götter!
GUISE: Was duldet Ihr, daß dieser Bauer redet?
Stecht ihn ab, sag ich, schickt ihn in die Hölle
Zu seinen Freunden!
ANJOU: Nie war ein Köhlerssohn so voller Stolz!
        (Sie töten Ramus.)
GUISE: Monsieur d'Anjou, 's sind hundert Protestanten,
Die wir da in die Seine getrieben haben:
Die schwimmen nun und retten so ihr Leben.
Was solln wir tun? Ich fürchte, sie entgehn uns.

---

* nego argumentum = ich lehne das Argument ab.
** Jakobus Scheckius: Ramus' Gegner in einem berühmten publizierten Philosophen-Streit.

MAYENNE: Einige Männer auf die Brücke stellen,
   Mit Bogen und mit Piken,
   Die solln nach denen schießen, die sie sehn,
   Und die Vorbeischwimmenden untertauchen!
GUISE: Ein guter Rat, Mayenne; sieh, daß es gleich geschieht!
      (Mayenne und Soldaten mit dem Toten ab.)
   Indessen laßt, Monsieur, uns überlegen,
   Wie wir die Schulmeister Navarras kriegen,
   Seine Erzieher und auch die Condés!
ANJOU: Das überlaßt mir! Vetter, wartet hier,
   Und seht Ihr mich dann drin, so folgt rasch nach!

(f)

(Anjou klopft an ein Tor, worauf der König von Navarra
und der Prinz von Condé mit ihren Schulmeistern erscheinen.)

ANJOU: Sieh da, Messieurs, wie geht's?
NAVARRA: Monsieur, es heißt,
   Die Protestanten werden massakriert!
ANJOU: So ist es, ja; doch was kann man da ändern:
   Ich tat mein Möglichstes, dem Sturm zu wehren.
NAVARRA: Und doch, Monsieur — das Gerücht geht um,
   Ihr hättet dies Massaker mit geplant!
ANJOU: Wer, ich? Ihr irrt Euch: ich stand jetzt erst auf.
      (Guise etc. kommen dazu.)
GUISE: Tötet die Hugenotten! Greift die Schulmeister!
NAVARRA: Verfluchter Guise, die blutigen Hände weg!
CONDÉ: Kommt, laßt uns gehn und es dem König sagen!
      (Condé und Navarra ab.)

GUISE: Kommt, meine Besten:
   Ich peitsch Euch in den Tod mit meiner Degenspitze!
      (Er tötet die Schulmeister.)
ANJOU: Weg mit den beiden!
      (Anjou und Soldaten mit den Toten ab.)
GUISE: Und jetzt, Messieurs, für diese Nacht
   Laßt unsre Wut zur Ruhe kommen!
   Doch wolln wir nicht, daß das Massaker aufhör!
   Gonzaga, Ihr reitet nach Orleans!
   Retz nach Dieppe! Montsoreau nach Rouen!
   Und schont nicht einen, der verdächtig ist!
   Und jetzt haltet die Glocken an,
   Die zu des Teufels Morgenmesse läuten!
   Jetzt lege jeder seinen Sturmhelm ab
   Und stehle sich so heimlich in sein Bett!
      (Alle ab.)

6. Szene

(Anjou mit zwei Edelleuten aus Polen.)

ANJOU: Meine Herrn aus Polen, ich gestehe offen,
   Das Angebot von Euren Kurfürsten,
   Es geht weit über mein Verdienst!
   Denn Polen ist, wie mir berichtet wurde,
   Ein kriegerisches Volk, wert eines Königs,
   Der einen fähigen Verstand besitzt,
   Der Dunkles hell und schlaue Feinde hin macht;
   Solch eines Königs, der durch lange Übung
   Am Führn von Kriegen sein Vergnügen findet,

Den größten Kriegen in der Christenheit —
Ich mein die Kriege mit dem Moskowiter
Und auf der andern Seite mit dem Türken,
Reiche Magnaten beide, mächtige Kaiser!
Jedoch mein Bruder Charles, der König Frankreichs,
Und Seiner Hoheit Rat, die sind der Meinung,
Daß, wenn ich auf mich nähm' die Krone Polens,
Es ihre Hoffnung untergraben würde,
Daß ich der Erbe sei der Krone Frankreichs:
Denn nimmt der Himmel meinen Bruder fort,
So ist der Thron durch das Geburtsrecht mein.
Mit Polen muß ich daher dies vereinbarn:
Daß, wenn durch Tod von Charles das Diadem
Von Frankreich mir zufällt, Ihr mir erlaubt,
Dann wieder in mein Vaterland zu ziehn.
Habt Ihr die Vollmacht, das zu garantieren,
Will dankbar ich die Bürde auf mich nehmen
Und Glück und Wohlstand, Recht und Sicherheit
Von Euerm Königreich sorgsam behüten.
EDELMANN: All dies und mehr befehle Eure Hoheit:
Und Polens Königskrone drum an Euch!
ANJOU: So kommt, meine Herrn: wir gehn!

(Alle ab.)

7. Szene

(Zwei Männer mit der Leiche des Admirals.)

ERSTER: Nun, Mann, was machen wir mit dem Admiral?
ZWEITER: Ah, wir verbrennen ihn als einen Ketzer.

ERSTER: O nein: sein Leib würde das Feuer verseuchen, und das Feuer die Luft, und so würden wir vergiftet werden durch ihn!

ZWEITER: Was machen wir dann?

ERSTER: Wir schmeißen ihn in den Fluß.

ZWEITER: O, das verdürbe das Wasser, und das Wasser den Fisch, und dann der Fisch uns, wenn wir ihn essen!

ERSTER: Dann schmeiß ihn in die Kloake!

ZWEITER: Nein, nein. Die Bedenken fort, und angefaßt: wir hängen ihn hier an diesen Ast!

ERSTER: Gemacht.

(Sie hängen ihn an einen Baum. Es kommen der Herzog von Guise, die Königin Mutter und der Kardinal von Lothringen.)

GUISE: Nun, Madame,
Gefällt Euch unser rüstiger Admiral?

CATHARINA: Glaubt es mir, Guise, der Platz steht ihm so gut,
Daß ich ihn lange schon dorthin gewünscht!
Doch kommt beiseit, die Luft ist nicht ganz frisch!

GUISE: Nein, wahrlich nicht, Madame!
He, nehmt ihn weg, werft ihn in die Kloake!
(Die beiden Männer tragen die Leiche fort.)
Und nun, Madame — wie ich erfahre,
Gibt's hundert Hugenotten da, und mehr,
Die in den Wäldern ihre Andacht halten
Und täglich sich um diese Zeit dort treffen:
Dort will ich hin, auch die solln unters Schwert.

CATHARINA: Tut's, lieber Guise; verliern wir keine Zeit;
Denn wenn dies Unkraut wieder aufersteht
Und sich verbreitet über Frankreichs Boden,
Dann wird es schwer für uns, es auszurotten.

Geht, keine Zeit verlorn, mein Guise!
GUISE: Madame,
Ich geh, wie Wirbel wüten vor dem Sturm.
(Guise ab.)
CATHARINA: Monsieur von Lothringen, habt Ihr bemerkt,
Wie unser Sohn Charles jetzt zu jammern anfängt
Über das Werk der letzten Nacht, das Guise
Unter den Ketzern von Paris vollbracht?
KARDINAL: Madame, ich hörte, wie er feierlich schwur,
Mit dem Rebellen-König von Navarra
Bald ihren Tod zu rächen an uns allen.
CATHARINA: Ja, doch Monsieur, das überlaßt nur mir,
In Frankreich herrscht der Wille Catharinas:
So wahr ich leb', so sicher soll er sterben,
Die Krone trägt sodann mein Sohn Henri!
Und murrt der auch und widerspricht der Mutter,
Enterb ich ihn, und alle übrigen!
Denn ich regier — sie solln die Krone tragen:
Begehrn sie auf, werd ich sie niederschlagen!
Kommt, Monsieur, laßt uns gehn.
(Beide ab.)

8. Szene

(Fünf oder sechs Protestanten, mit Büchern, sie knien zusammen.
Dann der Guise mit Begleitern.)

GUISE: Nieder mit allen Hugenotten! Tötet sie!
PROTESTANT: O Monsieur de Guise, hört, hört mich an!
GUISE: Nein, du Canaille: diese deine Zunge,

Die da geschmäht die heilige Kirche Roms,
Send' keine Klage in das Ohr des Guise,
Um meines Herzens Strenge zu erweichen!
Tuez! Tuez! Tuez! Laßt keinen fliehn!
    (Die Protestanten werden getötet.)
So, schleift sie weg!
        (Alle ab.)

9. Szene

(König Charles, gestützt von Navarra und Epernon; die Königin
    Mutter; der Kardinal; Du Plessis; und andere.)

CHARLES: O haltet an, und laßt mich ruhn ein wenig!
  Ein packender Schmerz erfaßte meine Brust:
  Plötzliche Angst, der Vorbote des Todes!
CATHARINA: O sprich nicht so: du tötest deine Mutter!
CHARLES: Ich muß so sprechen: Schmerz zwingt mich zu klagen!
NAVARRA: Seid mutig, Sire, und zweifelt nicht daran:
  Gott macht Euch sicher wieder bald gesund!
CHARLES: O nein, mein lieber Bruder von Navarra!
  Ich hab die Geißel, ich gesteh's, verdient,
  Doch ist dort Nachsicht einer andern Art —
  Als ihres Königs Wohlfahrt anzufalln!
  Gott geb', daß nächste Freunde nicht noch schlimmer!
  O haltet mich, es wird mir schwarz vor Augen,
  Die Glieder zittern mir, das Hirn zerbirst,
  Das Herz steht still: ich fall und sterbe.
        (Er stirbt.)
CATHARINA: Was, bist du tot? Sprich, Sohn, zu deiner Mutter!

O, seine Seele floh aus seiner Brust:
Er hört uns nicht, sieht nicht mehr unser Tun!
Messieurs, was bleibt uns übrig jetzt zu tun,
Als daß wir schleunigst Botschafter absenden,
Nach Polen, um Henri zurückzurufen,
Damit er seines Bruders Krone trage!
Epernon, sorgt, daß es sofort geschieht,
Und heißt ihn zu uns kommen ohne Aufschub!
EPERNON: Jawohl, Madame.
(Epernon ab.)
CATHARINA: Und dann, Messieurs, nach dem Begräbnis hier,
Wolln wir, so schnell es geht, die Krönungsfeier
Für Sohn Henri aus Polen vorbereiten!
Kommt, laßt uns seinen Leib forttragen.
(Alle ab, außer Navarra und Du Plessis.)
NAVARRA: Und jetzt, Navarra, in dem Wirrsal hier,
Ist eine günstige Gelegenheit,
Frankreich zu fliehn und in mein Land zu eilen.
Denn hier ist keine Sicherheit für mich:
Jetzt, wo Henri gerufen ist aus Polen,
Hab ich hier Anspruch, durch legale Folge.
Darum will ich, so schnell ich irgend kann,
In aller Heimlichkeit ein Heer anmustern,
Aus Furcht, daß Guise, zusammen mit dem Spanier,
Mein Unternehmen mir durchkreuzen könnte.
Doch Gott, der stete Wahrer allen Rechts,
Wird gnädig sein und weiter uns beschützen.
DU PLESSIS: Die Tugenden der wahren Religion
Werden marschiern mit Segen allerseits!
Dies Heer soll alle Eure Feinde schrecken,

Zuletzt Euch in Navarras Hauptstadt krönen,
Spanien mit aller Papstesmacht zum Trotz,
Das sie Euch widerrechtlich vorenthält:
Euer Majestät ihr rechtmäßiger Herrscher!
NAVARRA: 's ist wahr, Plessis; und Gott helf' mir in allem,
Wie ich mich abmühn will für seine Wahrheit,
Die wahre Lehre seines heiligen Worts!
Komm, laß uns fort, Plessis, solange Zeit ist!
(Beide ab.)

10. Szene

(Hinten Trompeten, dann allgemeines Rufen „Vive le roi", zwei- oder dreimal. Es kommen: Anjou, gekrönt als König Henri III.; die Königin Mutter; der Kardinal; der Herzog von Guise; Epernon; die neuen Günstlinge Joyeuse und Maugiron; Hofgefolge; und ein Taschendieb.)

ALLE: Vive le roi! Vive le roi!
(Trompeten.)
CATHARINA: Willkommen aus Polen, Henri, noch einmal!
Willkommen in Frankreich, wo dein Vater herrschte!
Hier hast ein Land du ohne viel Gefahr,
Ein kriegerisches Volk, dein Recht zu schützen,
Einen wachsamen Senat, Gesetze gebend,
Eine liebende Mutter, deinen Thron zu hüten,
Und was ein König sonst noch wünschen kann:
All dieses hat Henri mit seiner Krone!
KARDINAL: Und lang genieße Henri alles dies!
ALLE: Vive le roi! Vive le roi!
(Trompeten.)
HENRI: Euch allen Dank! Der Lenker aller Kronen

Geb', unser Tun mög' Eure Lieb' verdienen!
Und das geschieht, wenn Glück mein Wollen fördert
Und Euer Sinn dann mein Verdienst belohnt.
Was sagen meine Freunde? Glauben sie,
Das Herz Henris habe nicht Platz für beides:
Liebe u n d Majestät?
Legt solche Furcht ab, sie sind schon vereinigt!
Niemand, nicht Ort, noch Zeit, noch sonst ein Umstand
Soll meine Liebe aus der Richtung bringen.
Das, was Ihr jetzt seid, sollt Ihr immer sein:
Aus Eures Königs Gunst nicht zu entfernen!
MAUGIRON: Wir wissen, daß ein edler Geist nicht wankt,
    Wenn er die Krone trägt: denn Euer Gnaden
    Hat Polens Diadem getragen, ehe
    Die Krone Frankreichs Euer Haupt geschmückt.
HENRI: Ich sag dir, Maugiron, wir bleiben Freunde,
    Enge dazu, was auch für Stürme kommen.
MAUGIRON: So mag es Euer Majestät gefallen,
    Mir zu erlauben, jene zu bestrafen,
    Die diesen heiligen Festtag hier mißbrauchen.
HENRI: Wie meinst du das?
    (Maugiron schneidet dem Taschendieb ein Ohr ab, weil der ihm
      die goldenen Knöpfe vom Rock abgeschnitten hat.)
TASCHENDIEB: Jesus, mein Ohr!
MAUGIRON: Kommt, Herr, gebt mir meine Knöpfe, so ist hier
    Euer Ohr!
GUISE: He, schafft ihn weg!
    (Eine Wache ergreift den Taschendieb.)
HENRI: Hände weg, guter Mann! Ich bin sein Bürge
    Bei dem Vergehn. — Geh, Kerl, arbeit nicht mehr,

Bis dieser unser Krönungstag vorbei ist! —
Und jetzt,
Nachdem die Krönungsfeiern nun vorüber,
Was bleibt uns jetzt, als ausgiebig zu schmausen
Und einige Tage ein Turnier zu geben
Und andre Spiele, die dem Hofe anstehn?
Gehn wir, Messieurs, das Mahl erwartet uns.
  (Alle ab, außer der Königin Mutter und dem Kardinal.)
CATHARINA: Mein Kardinal von Lothringen, nun sagt,
Wie gefällt Euch meines Sohnes Munterkeit?
Sein Sinn, Ihr seht's, ist ganz bei seinen Darlings,
Sein ganzer Himmel ist, sich zu vergnügen.
Während er sicher so in Ruhe schläft,
Können dein Bruder Guise und wir uns jetzt
Mit solcher Macht ausstatten, daß kein Mensch
Ohne Erlaubnis von uns leben kann.
Sodann soll der katholische Glaube Roms
In Frankreich blühn — und keiner ihn verleugnen.
KARDINAL: Madame, wie durch Geheimbericht ich weiß,
Hat sich mein Bruder Guise ein Heer gesammelt,
Um, sagt er, Puritaner umzubringen,
Jedoch das Haus Bourbon ist's, das er meint.
Ihr müßt dem König einflüstern, Madame,
Daß es zum Wohle seines Landes sei
Und klarem Nutzen für die Religion.
CATHARINA: Pah, Mann, das überlaßt nur mir,
Den Weg zu bahnen, um das durchzubringen!
Wenn er verweigert, abschlägt, was ich sage,
Befördr' ich ihn sofort wie seinen Bruder:
Dann soll mein dritter Sohn die Krone tragen.

Pah, alles stirbt, krieg ich nicht meinen Willen:
Solang sie lebt, ist Catharina Königin!
Kommt, Monsieur, gehn wir, suchen wir den Guise,
Und dann Beschlüsse fassen in der Sache!
(Beide ab.)

11. Szene

(Die Herzogin von Guise und ihr Mädchen.)

HERZOGIN: Geh, hol mir Tint' und Feder!
MÄDCHEN: Ja, Madame.
(Mädchen ab.)
HERZOGIN: Damit ich meinem Liebsten schreiben kann.
O Maugiron, allein du hast mein Herz,
Guise usurpiert es nur, weil ich sein Weib bin!
Gern fänd ich Mittel, um mit ihm zu reden,
's gelingt mir nicht, und darum muß ich schreiben,
Damit er kommt und irgendwo mich trifft,
Wo eins des andern Anblick wir genießen.
(Das Mädchen kommt mit Tinte und Papier.)
So, setz es hin, und lasse mich allein!
(Mädchen ab. Die Herzogin schreibt.)
O wollte Gott, die Feder, die hier schreibt,
Wär frisch gepflückt aus Amors holdem Flügel,
Daß sie die Zeilen schriebe in sein Herz!
(Der Herzog von Guise kommt.)
GUISE: Wie, ganz allein, mein Lieb, und auch noch schreibend?
Ich bitte dich: an wen?
HERZOGIN: Monsieur, an eine,

Die, wenn sie meine Zeilen liest, ich fürchte,
Über die feine Ordnung lächeln wird.
GUISE: Ich bitte dich: laß sehn!
HERZOGIN: O nein, Monsieur, nur eine Frau
Darf das Geheimnis meines Herzens teilen.
GUISE: Madame, ich muß es sehn.
(Nimmt es weg.)
Dies also ist, was kein Mann wissen darf?
HERZOGIN: O vergebt, Monsieur!
GUISE: Treulose, Meineidige, welch ein Brief!
Wurd ich so alt, und dein Gelüst wurd jung?
Ist meine Liebe in dir so verdunkelt,
Daß andre meinen Text auslegen müssen?
Ist ganz und gar vergessen, wie du teurer,
Ja, teurer als mein Augapfel mir warst?
Ist Glanz und Ruhm des Guise nur dunstiger Nebel
In Sicht und Urteil deines lüsternen Augs?
Mort Dieu! Wär nicht die Frucht in deinem Leib,
Auf deren Wuchs ich einige Hoffnung setz,
Mit dieser Hand träf ich dich bis ins Herz!
Fort, Metze, und verhüll dein Haupt vor Scham,
Mir aus dem Aug', wenn du dein Leben liebst!
(Herzogin ab.)
O nichtswürdig Geschlecht, meineidig, gottverlassen,
Jetzt sehe ich, daß schon von allem Anfang
Ihr Aug' und Blick Saaten des Meineids säte!
Doch – Schurke! – der, dem dieser Brief bestimmt war,
Zahlt ihre Liebe bald mit seinem Blut!
(Guise ab.)

12. Szene

(Der König von Navarra, Du Plessis, Du Bartas und Truppen,
mit Trommeln und Trompeten.)

NAVARRA: Messieurs!
Da in gerechtem, legitimem Kampf
Wir's auf uns nehmen, diesen Krieg zu führen
Gegen die hochmütigen Glaubensstörer —
Ich mein den Guise, den Papst, den König Spaniens,
Die unter ihren Fuß uns kriegen wollen
Und unsre Religion aus Frankreich reißen —
Wobei ihr wißt, der Kampf geht um nicht mehr,
Als ihre krassen Märchen abzuwehren,
Die sie uns einbleun wolln mit Schwert und Feuer —
Drum heißt es kämpfen mit Entschlossenheit
Zur Ehre Gottes und des Landes Wohl!
Spanien, das ist das Ratszimmer des Papstes,
Spanien, dort macht er Frieden und auch Krieg,
Und Guise, für Spanien, spornte jetzt den König,
Sein Heer zum Kampf zu schicken gegen uns!
DU BARTAS: So mögen sie in dieser blutigen Schlacht
Einzig die Sorge Eurer Hoheit sehn,
Des Glaubens wahre Nachfolge zu pflanzen,
Trotz Spanien und all seiner Ketzerein!
NAVARRA: Die Rachegöttin setzt sich in Person
Jetzt auf die kühnen Gipfel meines Geists:
Schwenkt ihre blutbraunen Fahnen der Revanche —
Die ich als Blätter seh von prahlendem Grün,
Die ihre Farbe, kommt der Winter, wechseln,

Wenn ich als Sieger der Revanche frohlock.
(Ein Bote kommt.)
Wie steht's, Mann, welche Nachricht?
BOTE: Sire, wie durch unsre Späher wir erfahren,
Ist von Paris ein mächtiges Heer im Anmarsch:
Man zieht es schon zusammen hier im Land
Und will damit auf Eure Hoheit stoßen.
NAVARRA: In Gottes Namen, laßt sie kommen!
Das ist der Guise: der hetzte diesen König,
Das Schwert zu ziehn und Bürgerkrieg zu machen!
Doch kannst du sagen, wer ihr General ist?
BOTE: Noch nicht, Sire, denn: grad darauf warten sie.
Doch geht Gerücht, der Herzog von Joyeuse
Habe beim König darum nachgesucht.
NAVARRA: Es wird sich seine Müh nicht auszahln, hoff ich.
Ich wollt', der Guise wär seiner statt gekommen,
Doch der, der lauert faul in seinem Bau
Und macht zur Fußbank für sich Sicherheit:
Ist er in Schutz, sorgt er sich nicht, was wird
Aus Land und König — nein, um beides nicht!
Doch kommt, Messieurs, laßt uns in Eile fort
Und uns in Ordnung aufstelln für die Schlacht!
(Alle ab.)

13. Szene

(Der König von Frankreich, der Herzog von Guise, Epernon, Joyeuse.)

HENRI: Lieber Joyeuse, sei also General
Von meinem ganzen Heer, das marschbereit

Gen den rebellischen König von Navarra:
Auf dein Ersuchen duld ich, daß du gehst,
Wenn meine Liebe es auch kaum erträgt,
Hinsichtlich der Gefahren für dein Leben.
JOYEUSE: Euer Majestät Dank, und so nehm ich Abschied.
„Lebwohl" für Monsieur Guise und Epernon.
GUISE: Heil und ein herzlich Lebwohl für Joyeuse!
(Joyeuse ab.)
HENRI: So freundlich, Vetter von Guise, grüßt Ihr und Euer
Weib, Ihr beide, unsere zärtlichen Lieblinge?
(Er zeigt dem Guise Hörner.)
Erinnert Ihr Euch an den Brief, edler Herr, den Euer Weib
meinem teuren Liebling schrieb, ihrem auserwählten Freund?
GUISE: Was soll das, Sire? 's ist mehr, als nötig ist!
Werd ich derart verspottet und verhöhnt?
's ist mehr als könig-, ja selbst kaiserlich!
Wahrlich, wenn alle Könige der Christenheit
Mich so dem Spott preisgeben würden,
Sie erführen's, wie ich sie verachtete!
Ich Eure Liebchen lieben? Schwärmt nur selber!
Ich kenne keinen, der sie nicht für Schmach hält!
Und hier, bei allen Heiligen, schwöre ich,
Der Schuft, durch den ich diese Schmach erduld,
Grad Euer Wort, das mich so aufgebracht,
Zahlt jener Metze Gunst mit seinem Blut!
Ob er mich schon entehrt hat oder nicht!
Par la mort dieu, il mourra!*
(Guise ab.)

---

* Beim Tod Gottes, er soll sterben!

HENRI: Glaub mir, dieser Scherz beißt arg!
EPERNON: Sire, es wär gut, sie zu versöhnen; denn seine Eide
schwört er selten umsonst.
(Maugiron kommt.)
HENRI: Heda, Maugiron! Trafst du nicht den Guise an der Tür?
MAUGIRON: Nein, Sire. Was, wenn ich's hätte?
HENRI: Maria! Wenn du's hättest, hättest du den Dolch haben
können; denn er hat feierlich deinen Tod geschworen.
MAUGIRON: Ich kann erdolcht werden — und leben, bis er tot
ist. Doch warum hegt er gegen mich solch tödlichen Haß?
HENRI: Weil sein Weib für dich solch freundliche Liebe hegt.
MAUGIRON: Wenn das alles ist, will ich sie das nächste Mal, wenn
ich sie treff, dazu bringen, die Liebe von den Fersen zu
schütteln. Doch wohin ging er? Ich will einen Spaziergang
machen, absichtlich weg vom Hof, um ihn zu treffen.
(Maugiron ab.)
HENRI: Das gefällt mir nicht. Komm, Epernon, laß uns den
Herzog suchen und sie versöhnen!
(Beide ab.)

14. Szene

(Drinnen Kampfgeschrei. Rufe: „Joyeuse erschlagen!"
Der König von Navarra und sein Gefolge kommen.)

NAVARRA: Joyeuse ist tot, sein ganzes Heer zerstreut,
Und wir sind mit dem Kranz des Siegs geschmückt:
So unterstützt, wir sehn's, Gott stets das Recht,
Um hier auf Erden seinen Ruhm zu mehren!
DU BARTAS: Der Schrecken dieses Siegs bewegt, ich hoff's,

Den König jetzt, von seinem Haß zu lassen:
Entweder nie mehr eine Schlacht zu suchen
Oder gewiß in einer bessern Sache!
NAVARRA: Wie viele edle Männer schon gefallen
In der Verfolgung dieses wilden Kriegs,
Ist Kummer und fast Tod, daran zu denken!
Doch Gott, wir wissen es, zwingt die stets nieder,
Die sich erheben gegen reine Wahrheit:
Die ich verfechten will, solang ich lebe!
Und mit der Königin von England Hilfe
Soll der Papistenkönig aus dem Land,
Und die Reliquien sollen draußen bleiben!
Kommt, kommt, Messieurs: jetzt, wo der Sturm vorbei ist,
Lasset uns fort im Triumph zu unsern Zelten!
(Alle ab.)

15. Szene

(a)

(Ein Soldat.)

SOLDAT: Monsieur! Zu Euch, Monsieur! Der's wagt, den Herzog zum Hahnrei zu machen und einen falschen Schlüssel zu seinem Privatgemach zu benutzen! Und obgleich Ihr nichts herausnehmt, als was Euch gehört, tut Ihr doch etwas hinein, was ihm mißfällt, und belegt so seinen Markt und stellt Euern Stand auf, wo Ihr nicht sollt! Während doch er Euer Pachtherr ist, wollt Ihr Euch anmaßen, der seine zu sein, und den Boden beackern, den er selber gebrauchen will, der sein

Eigentum und freies Land ist! Falls es nicht z u frei ist: das ist
die Frage! Und obgleich ich nicht komme, um davon Besitz
zu nehmen (ich wollte, ich dürft's!), habe ich doch vor, Euch
da rauszuhalten: das werd ich, wenn dieses Instrument sich
gut hält! Wie! Kommt Ihr so zeitig? Habt acht, Monsieur!
> (Maugiron kommt. Der Soldat schießt auf ihn und
> tötet ihn. — Der Guise kommt mit seinen Begleitern.)

GUISE: Gib auf dich acht, tapfrer Soldat: nimm das, und flieh!
> (Gibt ihm Geld. Soldat ab.)

Da lieg, Wonne des Königs du und Hohn des Guise!
Räch es, Henri, wenn du es wagst und Lust hast:
Ich hab es einzig dir zum Trotz getan!
> (Die Leiche wird fortgeschafft.)

(b)

> (König Henri und Epernon kommen.)

HENRI: Monsieur de Guise, wir erfahren, daß Ihr ein Heer
gesammelt habt: was Eure Absicht ist, ist uns noch unbekannt, doch wir vermuten, es ist nicht zu unserem Besten.

GUISE: Ich bin kein Verräter an der Krone Frankreichs:
Was ich getan, ist für das Evangelium.

EPERNON: Nein, für den Papst, und deinen eignen Vorteil!
Wer denn in Frankreich, außer dir, wagt's, Guise,
In Waffen zu sein ohne Königsvollmacht?
Ich klag dich an des Hochverrats hierin!

GUISE: Lump Epernon, wär nicht der König hier,
Du solltest sehn den Herzog Guise in Wut!

HENRI: Gib Ruhe, Guise, und droh nicht Epernon,

Sonst siehst den König Frankreichs du in Wut!
GUISE: Ich bin ein Fürst der Linie Valois,
Folglich ein Widersacher der Bourbonen.
Ich bin Verschworner in der Heiligen Liga,
Und folglich hassen mich die Protestanten.
Was sollt' ich anders tun, als auf der Hut sein?
Da ich imstand, halt ich ein Heer in Sold.
EPERNON: Du und imstand, ein Heer in Sold zu halten:
Der du durch ausländische Gelder lebst!
Der Papst und Spanien sind dir gute Freunde,
Sonst wüßt ganz Frankreich schon, wie arm du bist!
HENRI: Ja, die, die sind's, die füttern ihn mit Gold,
Daß er uns widerstrebt und unsern Freunden!
GUISE: Sire, um ganz offen zu sein, es ist so:
Beseelt von Eifer für die Religion,
Sammle ich Truppen an, so viel ich kann,
Um jene Puritaner zu vernichten;
Wißt, Sire, der Papst verkauft seine Tiara,
Und der katholische Philipp, König Spaniens,
Läßt, eh mir etwas fehlt, seine Indianer
Den goldnen Bauch Amerikas ausweiden!
Navarra, unter dessen Fittichen
Das Sektenpack verborgen wird, soll spüren,
Das Haus von Lothringen, es ist sein Feind!
Eure Hoheit braucht mein Heer niemals zu fürchten:
Es macht Euch sicher, droht nur Euern Gegnern.
HENRI: Guise, trag die Krone, sei du König Frankreichs,
Und, als Diktator, mach du Krieg und Frieden,
Während ich „placet" ruf, wie ein Senator!
Ich kann deine Vermessenheit nicht dulden:

Entlaß dein Heer, oder sei durch Edikt
Erklärt zum Hochverräter durch ganz Frankreich!
GUISE (beiseit): Die Wahl ist schwer, ich muß was heucheln. —
Sire, als ein Zeichen der Ergebenheit
Und graden Sinns gegen Eure Majestät
Küß ich Euer Gnaden Hand und nehme Abschied,
Willens, mein Heer in Eile zu entlassen.
HENRI: Dann, Guise, leb wohl: der König und du sind Freunde.
(Guise ab.)
EPERNON: Traut ihm nicht, Sire!
Denn hättet Ihr gesehn, mit welchem Pomp
Er einzog in Paris und wie die Bürger
Ihn mit Geschenken und Gepräng' empfingen
Und ihm gelobten, auf sein Wort zu hören —
Sie scheuten nicht Gerede auf den Straßen,
Daß Guise in Waffen steh gegen den König
Für Widerstand gegen des Papstes Willen!
HENRI: Haben sie in Paris ihn so empfangen?
Dann plant er Hochverrat gegen den Thron.
Gut, laß mich machen! — Wer ist bereit?
(Ein Diener mit Tinte und Feder kommt.)
Schreib die Entlassung meines ganzen Rats,
Und ich signier und siegel es sofort!
(Diener schreibt.)
Mein Kopf sei jetzt mein Rat, die da sind falsch;
Und, Epernon, ich laß von dir mich leiten!
EPERNON: Sire,
Ich glaub, zur Sicherheit Eurer Person
Wär's gut, der Guise würde beiseit geschafft,
Und Ihr wärt so von aller Furcht befreit.

HENRI: Erst laß uns dies signiern und siegeln hier,
> (Er schreibt.)

Dann sag ich dir, was ich zu tun gedenk. —
So, überbringe dies sofort dem Rat!
> (Diener ab.)

Und, Epernon, schein ich auch mild und ruhig,
Glaub nicht, ich wäre nicht voll Grimm im Innern!
Ich will mich heimlich nach Blois fortstehlen,
Denn da Paris jetzt die Partei des Guise nimmt,
Ist hier kein Bleiben für den König Frankreichs,
Es sei denn, er wünscht sich Verrat und Tod.
Jedoch so wahr ich leb: dem Guise der Tod!
> (Beide ab.)

16. Szene

(Der König von Navarra, einen Brief lesend, und Du Bartas.)

NAVARRA: Monsieur, ich habe Nachrichten aus Frankreich,
Daß —
Guise zu den Waffen griff gegen den König
Und —
Daß auch Paris von Seiner Hoheit abfiel.
DU BARTAS: Dann hat Euer Gnaden die Gelegenheit,
Dem König Frankreichs Liebe zu bezeigen:
Ihm Hilfe bietend gegen seine Feinde,
Die er nur dankbar akzeptieren kann.
NAVARRA: Bartas, so soll es sein: reit drum nach Frankreich,
Grüß Seine Gnaden dort in unserm Namen,
Und sichr' ihm Truppen zu, so viel wir haben,

Gegen die Guiseaner und Komplizen!
Eil dich, Bartas: empfiehl mich Seiner Hoheit,
Und sag ihm, über kurz würd ich ihn sehn!
DU BARTAS: Gut, Sire, ich geh.
        (Du Bartas ab. Du Plessis kommt.)
NAVARRA: Plessis!
DU PLESSIS: Ja, Sire?
NAVARRA: Plessis, geh sammle eilends unsre Männer,
    Laß sie sofort nach Frankreich abmarschieren:
    Es braucht der König uns gegen den Guise!
    Rasch fort, sag ich: 's ist Zeit, daß wir dort hingehn!
DU PLESSIS: Gut, Sire, geschieht.
        (Du Plessis ab.)
NAVARRA: Dieser verfluchte Guise, so fürchte ich,
    Will den Ruin jenes berühmten Frankreich:
    Sein strebend Denken, das zielt auf die Krone,
    Und er zieht Vorteil aus der Religion,
    Um Papst und Päpstlein in das Reich zu pflanzen
    Und ganz es an den Stuhl von Rom zu binden!
    Begünstigt Gott jedoch m e i n Unternehmen
    Und läßt uns sicher ankommen in Frankreich,
    Wolln wir ihn schlagen und zu Tode hetzen,
    Der schamlos strebt nach seines Lands Ruin!
        (Navarra ab.)

17. Szene

(Der Hauptmann der königlichen Garde mit drei Mördern.)

HAUPTMANN: Auf, Messieurs! He, seid Ihr fest entschlossen? Haßt Ihr das Leben und das Ansehen des Guise? Werdet Ihr keine Angst haben, wenn Ihr ihn kommen seht?
1. MÖRDER: Sagtet Ihr Angst haben? Ha! Wär er hier, wir töteten ihn im Handumdrehn!
2. MÖRDER: O daß sein Herz in meiner Hand hüpfte!
3. MÖRDER: Doch wann kommt er, damit wir ihn morden können?
HAUPTMANN: Gut, also ich seh, Ihr seid entschlossen.
1. MÖRDER: Laßt uns nur machen, ich übernehm die Gewähr!
HAUPTMANN: Dann, Messieurs, nehmt Eure Posten in diesem Gemach! Denn gleich wird der Guise kommen.
DIE DREI: Unser Geld!
HAUPTMANN: Ja, ja, keine Angst! Kommt her!
(Er zahlt.)
So, seid entschlossen!
(Die Mörder ab.)
Jetzt fällt der Stern, des Einfluß Frankreich lenkte,
Des Licht für Protestanten tödlich war:
Jetzt fällt er und erlischt in seiner Höhe!
(König Henri und Epernon kommen.)
HENRI: Nun, Hauptmann meiner Garde, sind die Mörder bereit?
HAUPTMANN: Ja, Sire,
HENRI: Sind sie zum Mord entschlossen und bewaffnet: sie hassen das Leben und das Ansehen des Guise?
HAUPTMANN: Ich übernehm die Gewähr, Sire.

HENRI: Dann komm, hochmütiger Guise, und spei ihn aus,
Den Ehrgeiz, der die Brust dir überlädt:
Hauch aus dein Leben, bergend meinen Tod,
Mit deinem Tod end' endlosen Verrat!
(Klopfen.)
STIMME DES GUISE: Holla, Diener! He!
(Epernon zur Tür.)
Epernon, wo ist der König?
EPERNON: Ging in sein königliches Kabinett.
STIMME DES GUISE: Ich bitte dich, sag ihm, der Guise ist da! —
EPERNON: Wenn Euer Gnaden geruht: der Herzog von Guise
begehrt Zutritt zu Euer Hoheit.
HENRI: Laß ihn herein! —
Komm, Guise, sieh übertroffen deine List:
Fall in die Grube, die du mir grubst, selbst!
(Der Guise kommt zum König.)
GUISE: Euer Majestät einen guten Morgen!
HENRI: Meinem lieben Vetter Guise einen guten Morgen!
Wie geht es Euer Exzellenz heut morgen?
GUISE: Ich hör, Euer Majestät war kaum erfreut,
Daß ich bei Hof solch groß Gefolge hatte.
HENRI: Zu tadeln ist, wer sagt, daß ich gezürnt,
Und Ihr, mein Vetter, darüber zu grübeln.
's wär schlimm mit mir, mißtraut ich den Verwandten
Und hätt Verdacht auf meine teuersten Freunde.
Vetter, ich sage dir, ich bin entschlossen —
Was immer mir ins Ohr geflüstert wird —
Treulosigkeit in dir nicht zu befürchten.
Drum, lieber Vetter, leb wohl!
(Der König mit Epernon und Hauptmann ab.)

GUISE: So!
    Jetzt wirbt der König um die Gunst des Guise,
    Und seine Darlings dienern, wenn ich komm.
    Ja!
    Das heißt, eine Armee im Feld zu haben.
    Nun denn, beim heiligen Sakrament, ich schwöre:
    Wie alte Römer über jene Herrscher,
    Die sie im Krieg gefangen, triumphierten,
    So will ich's über diesen geilen König —
    Er soll den Rädern meines Wagens folgen!
    Jetzt fange ich erst an, mich umzuschaun,
    All meine frühre Zeit war schlicht vergeudet.
    Halt dich gut, Schwert,
    Des Herzogs von Guise Hoffnung liegt in dir!
        (Der 3. Mörder kommt.)
    Halunke, warum dieses bleiche Antlitz?
3. MÖRDER: O vergebt mir, Monsieur de Guise!
GUISE: Dir vergeben? Warum, was hast du getan?
3. MÖRDER: O Monsieur, ich bin einer von denen, die bestimmt sind, Euch zu ermorden!
GUISE: Mich zu ermorden, Halunke?
3. MÖRDER: Ja, Monsieur; die andern haben ihre Posten im nächsten Raum eingenommen; deshalb, mein guter Herr, geht nicht weiter!
        (3. Mörder ab.)
GUISE: Caesar wird weitergehn!
    Furcht vor dem Tod ist für gemeinre Köpfe:
    Etwas für Knechte; ich bin Herzog Guise!
    Und Fürsten wecken Furcht mit bloßem Blick!
      (1. und 2. Mörder erscheinen, für Guise noch unsichtbar.)

1. MÖRDER: Paß auf, er kommt, ich kenn ihn an der Stimme!
GUISE: So fahl wie Asche: nein, dann ist es Zeit zur Vorsicht!
DIE ZWEI: Nieder mit ihm! Nieder mit ihm!
(Sie stechen auf ihn ein.)
GUISE: O, das sind Todeswunden! Laßt mich sprechen!
2. MÖRDER: Dann bet zu Gott! Und bitt den König um Vergebung!
GUISE: Verwirrt mich nicht: Ihn hab ich nie erzürnt!
Noch bitt ich je den König um Vergebung!
O, keine Macht, mein Leben zu erhalten,
Noch hier Unsterblichkeit, um mich zu rächen!
Sterben durch Knechte: welche Folterqual!
Ah, Sixtus, räche mich an diesem König,[*]
Philipp und Parma, ich erduld's für euch![**]
Papst, exkommunizier, Philipp, setz ab
Den üblen Sproß der gottlosen Valois!
Vive la messe! Verrecket, Hugenotten!
So ging denn Caesar weiter, und so starb er.
(Er stirbt. Der Hauptmann der Garde kommt.)
HAUPTMANN: He, habt Ihr's abgetan? Dann wartet etwas, ich will den König holen! Doch seht, er kommt schon!
(Der König, Epernon und Gefolge kommen.)
Sire, seht den Guise erschlagen!
HENRI: Ah, dieser Anblick ist für mich Arznei!
Holt seinen Sohn, der seinen Tod hier schaue!
(Einer aus dem Gefolge ab.)

---

[*] Sixtus V., Papst 1585-1590.
[**] Philipp II., König von Spanien; der Herzog von Parma, sein Oberbefehlshaber in den Niederlanden.

Mit Schuld beschwert an zehntausend Massakern,
Monsieur von Lothringen, sink jetzt zur Hölle!
Und in Erinnrung jenes blutigen Aufruhrs,
Zu dem du mich verführt hast, als du lebtest,
Und hier im Kreise von euch all'n, ich schwöre:
Der König Frankreichs war ich nie, bis heute!
Dies ist der Wühler, der mein Gold vertat,
Indem er Krieg und Bürgeraufruhr machte!
Zog er nicht eine Art englischer Pfaffen
Von Douai an das Seminar in Reims,*
Damit sie wühlten gegen ihre Königin?
Warb er nicht drum, daß Spaniens Riesenflotte
Gen England fuhr und so auch mich bedrohte?
Tat er dem jüngsten Bruder nichts, der starb?
Zwang er mich nicht, in Schlachten für den Papst
Den Staatsschatz dieses Landes zu vergeuden,
In meinem Bürgerkrieg gegen Navarra?
Ha, kurz zu sein: er wollte, ich würd Mönch,
Oder mich morden, und so König werden!
Christliche Fürsten, die von dem hier hörn
(Denn alle Welt soll wissen, Guise ist tot!),
Sei'n davon überzeugt, was ich hier schwöre:
Kein König Frankreichs war im Joch wie ich!
EPERNON: Sire, da ist sein Sohn!

(Der Sohn des Guise wird gebracht.)

---

* Die in Douai ein theologisches Seminar betreibenden katholischen englischen Emigranten wurden 1578 von flandrischen Aufständischen vertrieben. Sie gingen, von Guise beschützt, nach Reims, das ein Zentrum der Spionage gegen das elisabethanische England wurde.

HENRI: Schau, Knabe, da liegt dein Vater!
JUNGER GUISE: Mein Vater erschlagen! Wer hat das getan?
HENRI: Ich war's, der ihn erschlug, und will dich auch erschlagen, erweist du dich als solch ein Hochverräter!
JUNGER GUISE: Bist du der König, und vollbrachtest diese Bluttat? So will ich Rache!
    (Er versucht, seinen Dolch zu werfen.)
HENRI: Fort in den Kerker mit ihm! Ich stutz ihm die Flügel,
Eh er mir aus der Hand kommt! Fort mit ihm!
    (Der Knabe wird abgeführt.)
Aber was nützt, daß dieser Wühler tot ist,
Wenn Herzog von Mayenne, sein Bruder, lebt
Und jener junge Kardinal voll Hochmut?
    (Zum Hauptmann der Wache:)
Geh zu dem Gouverneur von Orleans:
Heiß ihn, in meinem Namen, Mayenne zu töten!
    (Zu den Mördern:)
Geht und erdrosselt mir den Kardinal!
Die zwei ergäben einen ganzen Guise,
Speziell mit Hilfe unsrer alten Mutter.
    (Der Hauptmann und die Mörder ab.)
EPERNON: Sire, seht, sie kommt: als ob schon jetzt gebeugt,
Das Neue hier zu hörn.
HENRI: Sei sie gebeugt: mein Herz ist leicht genug.
    (Catharina kommt.)
Mutter, wie gefällt Euch dies Komplott von mir?
Ich schlug den Guise, weil ich wollt König sein.
CATHARINA: König? Nun, das warst du bisher.
Bitt Gott, daß du ein König bleibst hiernach!
HENRI: Nein, er war König, und war's gegen mich,

Doch jetzt bin ich es und will selber herrschen
Und die Guiseaner zähmen, die noch leben.
CATHARINA: Schmerz lähmt mein Reden. Als ich dich gebar,
Hätt ich dich gleich ermorden solln, mein Sohn.
Mein Sohn? Ein Wechselbalg, niemals mein Sohn!
Ich fluche dir, erkläre dich zum Ketzer,
Verräter gegen Gott und dies Land Frankreich!
HENRI: Schrei nur, klag an, heul, bis du heiser bist:
Der Guise ist tot, und ich frohlock darüber!
Und zu den Waffen jetzt: komm, Epernon,
Laß sie ihr Herz ausklagen, wenn sie will!
(Der König und Epernon ab.)
CATHARINA: Fort, laßt mich hier allein, um nachzudenken!
(Die Leiche wird fortgetragen. Das Hofgefolge ab.)
Mein Guise, wär e r doch tot, und d u noch hier!
Mit wem besprech ich jetzt meine Geheimnisse,
Und wer wird helfen, Religion zu züchten?
Die Protestanten werden triumphieren,
Der Lump Navarra kriegt die Krone Frankreichs,
Das Papsttum hält nicht stand, alles zerbricht —
Weil du jetzt fehlst, mein Guise! Was kann ich tun?
Nur Gram frißt sich in meine müde Seele,
Denn da der Guise tot, will ich nicht mehr leben.
(Ab.)

18. Szene

(Die zwei Mörder schleifen den Kardinal herein.)

KARDINAL: Mordet mich nicht, ich bin ein Kardinal!
1. MÖRDER: Wärst du der Papst, du würdst uns nicht entgehn.
KARDINAL: Was, wollt ihr euch mit Priesterblut beflecken?
2. MÖRDER: Euer Blut vergießen? O Gott, nein! Denn wir
 gedenken, Euch zu erdrosseln.
KARDINAL: So gibt's kein Mittel, und ich muß jetzt sterben?
1. MÖRDER: Kein Mittel gibt's, daher macht Euch bereit!
KARDINAL: Doch lebt mein Bruder, Herzog von Mayenne,
 Und andre mehr,
 An dem verfluchten König uns zu rächen!
 Dem sich ins Herz solln alle Furien krallen
 Und seine Seele in die Hölle tauchen!
1. MÖRDER: Die Eure, Monsieur Kardinal.
 (Sie erdrosseln ihn.)
 So, feste! Er ist hartherzig, daher zieh mit Kraft! —
 Komm, pack ihn, fort!
 (Beide ab mit der Leiche.)

19. Szene

(Der Herzog von Mayenne, einen Brief lesend, und andere.)

MAYENNE: Mein edler Bruder umgebracht vom König!
 Oh, was jetzt tun, um deinen Tod zu rächen?
 Des Königs Tod nur? Das kann nicht genügen.
 Geliebter Guise, du Pfeiler, der uns stützte,
 Jetzt, wo du tot bist, bleibt uns hier kein Halt!

Ich bin dein Bruder, und ich will dich rächen:
Ich reiß ihn aus, den Stamm Valois aus Frankreich,
Und jag den protzenden Bourbon nach Haus,
Der sich verbinden will mit solchem König,
Des Mörderhirn auch s e i n Verderb sein wird!
Der hieß den Gouverneur von Orleans,
Auch mich umgehend in den Tod zu schicken,
Doch das ging schief, und jetzt geh's ihm ans Leben
Und all'n Verrätern an der Kirche Roms,
Die es gewagt, den edlen Guise zu morden!
           (Ein Mönch kommt.)
MÖNCH: Monsieur, ich komme, Euch Nachricht zu bringen, daß Euer Bruder, der Kardinal von Lothringen, mit des Königs Billigung erdrosselt wurde.
MAYENNE: Mein Bruder Kardinal tot, und ich lebe?
   O Worte her, stark, tausend Mann zu töten!
   Kommt, laßt uns fort und Truppen sammeln:
   Krieg muß den Wahn dieses Tyrannen dämpfen!
MÖNCH: Monsieur, hört mich nur an: ich bin ein Mönch vom Orden der Dominikaner, und will den König aus Überzeugung töten.
MAYENNE: Doch was bewegt dich darüber hinaus, die Tat zu vollbringen?
MÖNCH: O Monsieur, ich war ein großer Sünder zu meiner Zeit, und die Tat ist verdienstlich!
MAYENNE: Doch wie willst du die Gelegenheit finden?
MÖNCH: Pah, Monsieur, das überlaßt nur mir!
MAYENNE: Mönch, komm mit: wir wolln gehn und mehr darüber reden!
           (Alle ab.)

20. Szene

(Trommeln und Trompeten. König Henri von Frankreich, der König von Navarra, Epernon, Du Bartas, Du Plessis und Soldaten kommen.)

HENRI: Bruder Navarra, ich bedaure sehr,
 Daß ich mich je als Euer Feind erwies
 Und so Euer sanfter und erhabner Sinn
 Mit ungerechtem Krieg belästigt wurde.
 Ich schwör, so wahr ich König bin von Frankreich,
 Eure versöhnte Liebe zu vergelten
 Mit all den Ehren und all den Gefühlen,
 Die je ich meinen teuersten Freunden gönnte!
NAVARRA: Es ist genug, wenn man Navarra nachsagt,
 Daß er dem König Frankreichs Treue hielt,
 Der ihm befehlen mag bis in den Tod.
HENRI: Dank meinem Bruderkönig von Navarra!
 So wollen wir hier vor Paris uns lagern,
 Die Hurenstadt mit einem Ring umschließen,
 Bis, sich an unsern Waffen überfressend,
 Sie ihren hassenswerten Bauch erbricht.
  (Ein Bote kommt.)
BOTE: Beliebt es Euer Majestät, da ist ein Mönch vom Orden der Dominikaner, gesandt vom Präsidenten des Rats von Paris, der Zutritt zu Euer Gnaden begehrt.
HENRI: Laßt ihn herein!
  (Bote ab. Herein der Mönch mit einem Brief.)
EPERNON: Der Blick von diesem Mönch gefällt mir nicht:
 Es wär am Platze, Sire, ihn zu durchsuchen.
HENRI: Mein Epernon, Mönche sind heilige Männer

Und tuen ihrem König nicht Gewalt an,
Und wär's für alle Schätze dieser Welt.
Mönch, du erkennst mich an als deinen König?
MÖNCH: Ja, guter Herr, und ich will darin sterben.
HENRI: Komm näher dann, und sag uns deine Nachricht!
MÖNCH: Sire, der Präsident des Rats von Paris grüßt Euer Gnaden und bietet in diesen kurzen Zeilen seine Unterwerfung an, untertänigst Eure gnädige Antwort erbittend.
(Übergibt den Brief.)
HENRI: Ich will sie lesen, Mönch, und dir dann antworten.
MÖNCH: Sancte Jacobus, jetzt sei mir gnädig!
(Er verwundet den lesenden König schwer mit einem Messer, darauf ergreift der König das Messer und tötet ihn.)
EPERNON: O Sire, laßt ihn noch eine Weile am Leben!
HENRI: Nein, laßt den Schurken sterben, und in der Hölle gerechte Martern erdulden für seine Hinterlist!
NAVARRA: Was! Ist Eure Hoheit verletzt?
HENRI: Ja, Navarra, doch nicht tödlich, hoff ich.
NAVARRA: Gott schütz Euer Gnaden vor solch jähem Tod!
Holt einen Wundarzt her, sofort!
(Ein Soldat ab.)
HENRI: Welch Züge eines Gottlosen und Heiden
Bei solchen, die der heiligen Kirche dienen!
Schafft diesen Schurken hier mir aus den Augen!
(Der Mönch wird hinausgetragen.)
EPERNON: Ah, hätt Euer Hoheit ihn noch leben lassen,
Wir hätten ihn bestraft dann nach Verdienst!
HENRI: Mein Epernon, alle Rebelln auf Erden
Solln dies Exempel sehn seiner Bestrafung,
Heben sie Waffen gegen ihre Herrscher.

Holt mir den englischen Gesandten her!
>   (Ein Soldat ab.)

Hiervon bericht ich meiner Schwester England
Und warne sie vor hinterlistigen Feinden.
>   (Der Wundarzt kommt.)

NAVARRA: Beliebt's Euer Gnaden, Eure Wunde untersuchen zu lassen?
HENRI: Die Wunde, ich geb's zu, ist tief, Monsieur.
Untersuch, Wundarzt, und sag, was du siehst!
>   (Der Wundarzt untersucht die Wunde.
>   Der englische Gesandte kommt.)

Gesandter Englands, melde deiner Herrin,
Was dieser gottverdammte Mönch getan!
Sag ihr, trotz alledem, ich hoff zu leben,
Und wenn ich's tu —
Dann geht der päpstliche Monarch zugrunde,
So daß das Reich des Antichristen fällt!
Die blutigen Hände hier solln die Tiara
Vom Haupt ihm reißen und ihm überm Kopf
Das gottverfluchte Rom in Brand stecken!
Ich zünd ihm an die rissigen Gemäuer,
Zwing seine Burg zum Kusse mit der Erde!
Gib mir die Hand, Navarra: hiermit schwör ich,
Diese verruchte Kirche Roms zu schlagen,
Die solche blutigen Praktiken ausbrütet!
Und hier gelobe ich dir ewige Liebe,
Und auch der Königin Englands, ganz besonders,
Die Gott gesalbt hat für Papistenhaß!
NAVARRA: Die Worte sind erfrischend, und es freut mich,
Eure Hoheit mit solch tapfrem Sinn zu sehn.

HENRI: Sage mir, Wundarzt, werd ich leben bleiben?
WUNDARZT: Ah, Sire, die Wunde ist gefährlich; denn was Euch traf, war ein vergiftetes Messer.
HENRI: Ein vergiftetes Messer! Wie! Soll der König Frankreichs sterben an Dolch und Gift, beides auf einmal?
EPERNON: O daß dieser verdammte Schuft wieder lebendig würde, daß wir ihn martern könnten mit irgendeiner neuersonnenen Todesart!
DU BARTAS: Er starb einen zu guten Tod: der Teufel der tiefsten Hölle martere seine verruchte Seele!
HENRI: Ah, flucht ihm nicht, da er tot ist! Oh, das tödliche Gift wirkt in meiner Brust! Sage mir, Wundarzt, und schmeichle nicht: kann ich leben bleiben?
WUNDARZT: Ah, Sire, Eure Hoheit kann nicht leben bleiben.
NAVARRA: Wundarzt, was sagst du da? Der König kann's!
HENRI: O nein, Navarra, du mußt König sein!
NAVARRA: Lang sollt Ihr leben, und stets König sein!
EPERNON: Sonst sterbe Epernon!
HENRI: Mein Epernon, dein König muß jetzt sterben.
 Messieurs, kämpft nun für diesen tapfren Fürsten,
 Er ist mein Erbe, Euer rechtmäßiger König:
 Die Linie Valois endet mit mir!
 Jetzt laßt das Haus Bourbon die Krone tragen,
 Und end' es nie in Blut so wie das meine!
 Wein nicht, Navarra, räche meinen Tod!
 Ah, Epernon, ist dies hier deine Liebe?
 Henri wischt ab dir diese Kinder-Tränen:
 Du sollst dein Schwert an Sixtus' Knochen wetzen,
 Auf daß es gierig Katholiken spalte!
 Nicht, wer die meisten Tränen weint, liebt mich,

Sondern nur, wer bereit, sein Blut zu opfern!
Paris, steckt's an, wo die Verräter lauern!
Ich sterb, Navarra: komm, trag mich zu Grabe!
In meinem Namen grüß die Königin Englands:
Sag ihr, Henri stirbt als ihr treuer Freund!
(Er stirbt.)
NAVARRA: Messieurs, hebt auf den Leib hier unsres Königs,
Auf daß wir sehn, ihn stattlich zu begraben!
Und so gelob ich, seinen Tod zu rächen,
Daß Rom und all seine Papistenpfaffen
Die Zeit verfluchen solln, in der Navarra
So König wurde und in Frankreich herrschte:
Durch dieses Königs jammervollen Tod!

(Sie marschieren hinaus, den Leib des Königs auf den Schultern
von vier Männern, zu einem Trauermarsch, die Waffen
zu Boden gesenkt.)

Aus dem Nachwort 1972

I

„Das Massaker von Paris" lag bis vor kurzem in deutscher Übersetzung nicht vor. Die kraftvolle Naivität dieses Textes mit seiner poetischen Komprimierung der turbulenten Vorgänge des französischen Bürgerkriegs entsprach zunächst einmal formal nicht dem Zustand unserer weitgehend naturalistischen Bühne. Das Denken in naiven Bildern, wobei dann sogar die Darstellung seltener Arten der Vergiftung, wie sie die elisabethanische Bühne liebte (Szene 3), nicht lächerlich zu wirken braucht, ist uns abhanden gekommen. Dabei würde dem Theater heute angesichts der massiven Konkurrenz technischer Medien die Besinnung auf seine ursprünglichen, spezifischen Mittel nur gut tun. Solche Mittel aber sind: Poetisierung, rituelle Artistik, gleichnishafte Darstellung, kunstvolle Sprache.

Doch auch inhaltlich hat der Zeitgeist unserer Tage mit einem politischen Kampfstück wie dem vorliegenden offenbar nicht viel anzufangen gewußt. Die Eskalation geistlich-imperialer Gewalt, die es vorzeigt, entsprach wohl zu oft der Eskalation weltlich-imperialer Gewalt, die unser Jahrhundert kennzeichnet, als daß Aufführungen des Stücks besonders opportun erschienen wären. Die Motorik politischer Vorgänge in Zeiten krisenhafter Auseinandersetzung und zuschlagender sendungsbewußter Brutalität aber ist kaum prägnanter und sinnbildhafter auf dem Theater denkbar.

Bekanntlich hat auch Heinrich Mann in seinem großen Alterswerk diesen französischen Geschichtsabschnitt zu einem neuzeitlichen Gleichnis gemacht. Der 1. Teil seines Henri-Quatre-Romans ist ein reizvoller Kommentar zu Marlowes Drama.

Das Stück steht und fällt natürlich mit der Besetzung der Guise-Rolle. Sie war von Marlowe dem ersten Schauspieler seiner Zeit, dem berühmten Edward Alleyn, der auch die anderen großen Rollen dieses Autors kreierte, auf den Leib geschrieben. Dieser Herzog von Guise, der berüchtigte vitale Lothringer mit seiner rom-orientierten Liga, war offenbar der Alptraum aller National-Evangelikalen der Zeit vor 1590. Und imperial ferngesteuerte Satrapen haben wir in letzter Zeit ja auch genug in unserem Land.

Schließlich sei darauf hingewiesen, daß seit kurzem im Bühnenvertrieb des Ostberliner Henschelverlags ebenfalls eine Übersetzung des „Massakers von Paris" vorliegt, mit der ich durch die Freundlichkeit B. K. Tragelehns, des Übersetzers, mitten während meiner Arbeit auch bekannt gemacht wurde. Da ich jedoch nach anderen Prinzipien übersetze als mein DDR-Kollege, habe ich mich nach einigem Zögern am Ende zur Fertigstellung dieser Arbeit entschlossen. Möge die Bemühung hier wie dort ein beginnendes Verständnis für diese Art anti-naturalistischer Bühnenliteratur signalisieren.

II

In der Reihe von Marlowes Stücken ist „Das Massaker von Paris" das letzte, das der 29jährige Verfasser noch auf der Bühne gesehen hat. Am *30. Januar 1593* ist im Rechnungsbuch des Theaterfinanziers Henslowe die Premiere bezeugt: mit den üblichen hohen Kassen-Einnahmen, einem Indiz auch für das allgemeine Interesse am Stück. Bei dieser einen Aufführung blieb es jedoch vorerst, denn in London war die Pest ausgebrochen, und drei Tage nach der Premiere wurden sämtliche Theater geschlossen. Sie wurden erst am Ende des Jahres für kurze Zeit und endgültig erst im Sommer des nächsten Jahres wieder geöffnet. Inzwischen war Marlowe jedoch (am 30. Mai 1593) bei einem Wirtshausstreit ums Leben gekommen.

Auch sonst hatte sich, das Stück betreffend, in der Zwischenzeit einiges ereignet. Der um seinen Thron kämpfende französische König Henri IV. (Navarra) war im Juli 1593 aus taktischen Gründen zum Katholizismus übergetreten, um unblutig seine Hauptstadt Paris einnehmen zu können („Paris ist eine Messe wert"). Das ist im protestantischen England sicher mit gemischten Gefühlen aufgenommen worden; wenn der Atheist Marlowe wohl auch einer der ersten gewesen wäre, der die Weisheit dieses rein politischen Schachzugs begriffen hätte. Die ungeheure und zunächst ungebrochene Aktualität des Stücks muß dadurch jedoch schon nach diesen wenigen Monaten in London ein wenig gelitten haben.

Das ist die Stärke und die Schwäche eines *Zeitstücks*. Denn daß es sich ursprünglich um ein solches gehandelt hat und damit um einen singulären Fall und eine kühne Neuerung innerhalb der elisabethanischen Historien-Dramatik, ist klar. Es waren die aufregenden Ereignisse des noch andauernden französischen Bürgerkriegs, die hier auf die Bühne gebracht wurden und in die England vor kurzem sogar eingegriffen hatte: mit Truppenkontingenten zugunsten der protestantischen Partei. Es muß ein spezieller Effekt gewesen sein, einen agierenden Herrscher des Nachbarlandes auf der Londoner Bühne auftreten zu lassen, und der Schauspieler dieser Rolle muß ein sonderbares Gefühl gehabt haben. Da es bekanntlich besonders schwer ist, einen zeitgenössischen Stoff in eine poetische Form zu bringen, ist die *Kunstleistung* Marlowes um so mehr zu bewundern.

Im Sommer 1594, nach der Wiedereröffnung der Theater, sind

in Henslowes Rechnungsbuch weitere 10 Aufführungen des „Massakers" bezeugt. Von Wiederaufnahmen des Stücks hören wir ferner in den Jahren 1598 und 1601 (von dem letzten Datum wird noch zu reden sein).

Da das Uraufführungsdatum so genau bekannt ist, ist auch die Zeit, in der Marlowe dieses Stück geschrieben hat, nicht schwer zu erschließen. Bei dem Stoffhunger der Londoner Bühnen hat dieser zu seiner Zeit berühmteste Stückeschreiber gewiß nicht lange auf die Uraufführung seines neuesten Produkts warten müssen, und „Das Massaker von Paris" ist so mit ziemlicher Sicherheit *während der letzten Monate des Jahres 1592 entstanden.*

Schwieriger steht es allerdings mit dem Druckdatum. Der einzige bekannte alte Oktavdruck (10 Exemplare sind erhalten) ist undatiert. „The Massacre at Paris: With the Death of the Duke of Guise", lautet der Titel, und das Stück wird in zeitgenössischen Berichten daher abwechselnd „The Massacre" und „The Guise" genannt. Da das Titelblatt weiter berichtet: „As it was played by the right honourable the Lord high Admiral his Servants", die neue Admiralstruppe, im Sommer 1594 organisiert, nach 1596 jedoch entsprechend dem neuerworbenen Titel des Admirals auf alten Quartotiteln fast ausnahmslos „Earl of Nottingham his Servants" genannt wurde, sind als Druckdatum die Jahre 1594-96 am wahrscheinlichsten.

Das alles ist für die Beurteilung der Integrität des überlieferten Textes von einer gewissen Wichtigkeit, worüber in der Anglistik viel geraunt und gerätselt wird (mehr darüber in Abschnitt III). Hier zunächst noch einige weitere historisch interessante Beziehungen.

Da ist zuerst die enge Beziehung zu Marlowes Nachlaßstück

„Doktor Faustus". In jenem Stück ist ein Zitat des Pariser Gelehrten Petrus Ramus (Pierre de la Ramée) festgestellt worden, das Faustus im Munde führt — im „Massaker" tritt Ramus sogar als Stückfigur auf. Sowohl Ramus als auch Faustus äußern ihre Meinung über Aristoteles. Weiter gibt es hier wie dort die Figur des Kardinals von Lothringen: im „Massaker" als Bruder des Guise eine historische Person[*] — im „Faustus" tritt sie als Episodenfigur ebenfalls kurz auf. Diese inneren Beziehungen unterstützen die auch aus den äußeren Fakten hervorgehende Schlußfolgerung, daß beide Stücke etwa gleichzeitig in Marlowes letzten Lebensmonaten entstanden sind. Angesichts der Informationsmöglichkeiten und der politischen Interessen im England von 1592/3 leuchtet auch die Verschiedenheit der Genres ein, die der Dramatiker wählt: das präzise politische Stück aus dem nahen Frankreich — das phantastische Schauspiel aus dem entfernteren Deutschland.

Zudem haben wir die Beziehung unseres Stücks zu Marlowes eigener Tätigkeit als englischer Geheimagent in Frankreich. Ein erhaltenes Hofschreiben an die Universität Cambridge von 1587, das Marlowes Graduierung durchsetzt, erwähnt seine anonymen Dienste für die Königin, und sein Name wird Anfang 1592 als der eines Nachrichtenbringers aus Reims genannt. Der stumme „English Agent" am Schluß unseres Stücks darf, meine ich, daher mit einem gewissen Lächeln betrachtet werden.

Schließlich noch etwas über die Beziehungen des „Massakers" zu vier anderen elisabethanischen Dramatikern: zu Greene, Shakespeare, Chapman und Webster.

---

[*] Eigentlich „Kardinal von Guise" (1555-88); der mit Chatharina konspirierende „Kardinal von Lothringen" (1524-74) war ein Onkel des Guise; Marlowe verschmilzt beide Figuren zu einer.

Erstens zu *Robert Greene*: wie auch im „Faustus", gibt es im „Massaker"-Text, nämlich mitten in der 12. Szene des Stücks, eine deutliche Anspielung auf diesen Dramatiker, die, soweit ich sehe, bisher noch von niemandem bemerkt worden ist. Navarra sagt da (originale Orthographie):

> The power of vengeance now incampes it selfe,
> Vpon the hauty mountains of my brest:
> Plaies with her goary coulours of reuenge,
> Whom I respect *as leaues of boasting greene*,
> That change their coulour when the winter comes,
> When I shall vaunt as victor in reuenge.

Meine Übersetzung im Stücktext:

> Die Rachegöttin setzt sich in Person
> Jetzt auf die kühnen Gipfel meines Geists:
> Schwenkt ihre blutbraunen Fahnen der Revanche —
> Die ich *als Blätter* seh *von prahlendem Grün*,
> Die ihre Farbe, kommt der Winter, wechseln,
> Wenn ich als Sieger der Revanche frohlock.

Die Stelle wird allgemein als dunkel empfunden, die letzte kritische „Massaker"-Ausgabe von H. J. Oliver (London 1968) möchte sie am liebsten Marlowe überhaupt absprechen. Im Kontext des Stückes ist sie auch sehr merkwürdig, obschon glatt eingefügt und zur Not erklärbar. Die *Blätter des prahlerischen Greene*, wie eine durch die Doppeldeutigkeit angebrachte Übersetzungsvariante zu lauten hätte, müssen jedoch im Zusammenhang mit der Entstehungszeit des Stücks gelesen werden. Robert Greene war am 3. September 1592 gestorben und hatte einige „Blätter" hinterlassen, die bekanntlich noch im September 1592 von Henry Chettle unter dem Titel „A Groatsworth of

Wit" herausgegeben wurden und neben massiven Ermahnungen für Marlowe auch jenen berühmten Angriff auf Shakespeare enthalten, jenen Satz von der „emporgekommenen Krähe" unter den Schauspielern etc. Einige Wochen später, im Dezember 1592, entschuldigte sich Chettle bekanntlich und zollte Shakespeare öffentlich ausdrückliches Lob, sowohl hinsichtlich des allgemeinen Verhaltens als auch hinsichtlich der Beherrschung des Berufs. Wenn Marlowe um die Jahreswende 1592/3 also „Blätter des prahlerischen Greene" zitiert, so ist eine Anspielung auf die literarische Affäre jener Wochen kaum zu übersehen.

Noch interessanter wird der Fall jedoch, wenn wir die letzten beiden Zeilen jenes 6-zeiligen Zitats betrachten. Navarra fühlt sich da als Sieger der Affäre, „wenn der Winter kommt". Der Sieger der Affäre aber war — als der Winter kam — der rehabilitierte *Shakespeare*. Zudem: laut Henslowes Rechnungsbuch hatte die Truppe 1592 schon zwei Shakespeare-Stücke aus der Taufe gehoben, der junge Shakespeare war Schauspieler, gehörte also mit hoher Wahrscheinlichkeit zur Truppe: spielte der junge Shakespeare die Rolle des Navarra? Soweit ich sehe, müssen wir annehmen, daß Marlowe hier dem jungen Schauspieler und Dramatiker-Kollegen Shakespeare ein ausdrückliches Lob in die Rolle geschrieben hat. Die Dunkelheit der Stelle würde sich so vollkommen aufhellen. (Einen zusätzlichen Beweis, der sich auch mit der „Revanche", von der dort geredet wird, befaßt und letzte Zweifel beseitigt, werde ich an anderer Stelle präsentieren. Es würde hier zu weit führen.)

Auf andere Beziehungen des Textes zu Shakespeare haben schon die englischen Editoren hingewiesen: erstens auf gewisse Verse in Marlowes „Massaker", die gewissen Versen in Shakespeares „Heinrich VI." ähneln bzw. vollkommen gleichen (*wer* hier allerdings *wen* zitiert, ist schwer zu entscheiden, da „Heinrich VI." immerhin *vor* dem „Massaker" uraufgeführt, doch erst *nach* Marlowes Tod gedruckt wurde); zweitens auf das Guise-Vorbild für die Richard-III-Gestalt Shakespeares, besonders wenn wir an die großen Monologe denken, mit denen sich diese beiden Figuren jeweils selber vorstellen; und schließlich auf jenes „Yet Caesar shall go forth" von Guise vor seinem Tod (Guise wurde damals immer wieder mit Caesar verglichen), das Shakespeare für seinen Caesar als Ausspruch vor dessen Tod übernommen hat.

Nach Greene und Shakespeare zu *George Chapman*: Marlowes Einfluß auf diesen Dramatiker war offenbar überwältigend. Chapman, der bekanntlich auch Marlowes nachgelassenes, fragmentarisches Poem „Hero und Leander" zu Ende gedichtet hat, muß ganz besonders vom „Massaker von Paris" beeindruckt gewesen sein, denn seine wichtigsten Stücke in den darauffolgenden Jahren behandeln ebenfalls Stoffe aus der französischen Zeitgeschichte, sind also fast eine Art Fortsetzung des „Massakers".

Schließlich zu *John Webster*: was diesen neben dem späten Shakespeare interessantesten Dramatiker nach 1600 betrifft, so wissen wir von ihm selbst (Vorwort zu „The Devil's Law Case", 1623), daß er ein Stück mit dem Titel „The Guise" geschrieben hat, das aber nicht erhalten ist. Auch in Henslowes Rechnungsbuch wird Websters Name im Jahre *1601* mit einem Stück dieses Titels in Verbindung gebracht (ein Eintrag, der von einigen allerdings ohne Angabe von Gründen wieder einmal für eine Fälschung gehalten wird, was nicht einzusehen ist). Daher folgende Überlegungen: Webster hatte am Beginn seiner Karriere um 1600, für Henslowes Admiralstruppe arbeitend, seine noch unselbständige Phase der Zusammenarbeit mit anderen Dramatikern (hauptsächlich mit Dekker); die Admiralstruppe besaß 1601 schon ein älteres Guise-Stück, nämlich das von Marlowe; und schließlich wurde um diese Zeit (nämlich 1602) auch der marlowesche „Doktor Faustus" neu für diese Truppe bearbeitet (siehe die Ausführungen im Anhang zu meiner „Faustus"-Übersetzung): das alles paßt gut zusammen, so daß die Annahme einer *websterschen Bearbeitung des marloweschen „Massakers" aus dem Jahre 1601* außerordentlich naheliegt. In welch angenehme Situation hinsichtlich der Textbeurteilung uns eine solche Schlußfolgerung versetzt, darüber im nächsten Abschnitt.

III

Unser Stück wird nämlich von den meisten Editoren für besonders schlecht überliefert gehalten. Der geheime Hauptgrund ist: sie halten es als rein politisches Zeitstück für minderwertig und der letzten Schaffensperiode Marlowes für unwürdig. Weitere, scheinbar objektive Gründe sind: erstens die relative *Kürze* des Stücks, was natürlich gar nichts besagt, denn auch der „Faustus" ist kurz, und daraus ist eher zu schließen, daß Marlowe in seiner letzten Periode eben kurze Stücke schrieb (ob durch neue Verordnungen zur Aufführungsdauer vor der totalen Theaterschließung im Pestjahr 1593 oder durch grundsätzliche Überlegungen bedingt, sei dahingestellt); zweitens gewisse Wiederholungen, die im Text auftauchen und angeblich auf gewisse Konfusionen hindeuten, die jedoch lediglich nicht verstanden werden, denn wenn z.B. Catharina *zweimal* gegenüber dem Kardinal die Beseitigung des jeweiligen Königs andeutet (Schluß der 7. und der 10. Szene), so ist das natürlich ein künstlerisches Mittel, um zu zeigen, daß sie eben skrupellos die Reihe ihrer Söhne durchgeht; und drittens existiert ein elisabethanisches *Manuskript der Szene*

15a, das mit dem gedruckten Text nicht übereinstimmt, und das wird für am schwerwiegendsten gehalten. Das Manuskript enthält nämlich neben einigen Textvarianten hauptsächlich Texterweiterungen, und diese zusätzlichen Verse haben durchaus Qualität, so daß die Vermutungen fast durchweg in die Richtung gehen: der gedruckte Text muß gekürzt und also verdorben sein, und das erhaltene Manuskript-Fragment ist wahrscheinlich der echte Marlowe-Text, womöglich sogar ein Marlowe-Autograph. Dem widerspricht zunächst die Tatsache, daß die Schrift der einen echten Signatur, die wir von Marlowe besitzen, mit der Schrift jenes Manuskripts keine Ähnlichkeit hat. Und dann müssen wir uns an die überlieferten Beglaubigungen halten, d. h. in unserem Fall: auf der Titelseite des gedruckten Textes steht, daß das Stück von Marlowe ist, das Manuskript-Fragment dagegen ist anonym. Angesichts dieser Lage und eingedenk der am Schluß des vorigen Abschnitts gegebenen Hinweise halte ich es für dringend ratsam, unsere Gedanken in die entgegengesetzte Richtung laufen zu lassen, d.h. nicht anzunehmen, daß der gedruckte Text gekürzt, sondern durchaus anzunehmen, daß der handschriftliche Text erweitert wurde. Daß die Erweiterungen auch eine gewisse Qualität haben, außerdem hauptsächlich die Figur des Guise betreffen, paßt sehr gut zu dem Kandidaten, der nun natürlich dafür angeboten wird: John Webster. Kurz, die Fakten scheinen mir in allem darauf hinzudeuten, daß wir es bei jenem irritierenden Manuskript-Fragment zum „Massaker" mit einem Fragment des verlorengegangenen Stücks „The Guise" von Webster zu tun haben. Und es ist danach sehr zu bedauern, daß uns zwar die minderwertige rowleysche „Faustus"-Bearbeitung von 1602, nicht jedoch die webstersche „Massaker"-Bearbeitung von 1601 vollständig erhalten ist.

Einige Bemerkungen noch zur Struktur des Stücks. Die alte undatierte Oktav-Ausgabe hat, wie üblich, keinerlei Szeneneinteilung, sondern vermerkt lediglich die Auftritte und Abgänge der Figuren, woraus allerdings im wesentlichen die Szenenfolge abgelesen werden kann. Meine Einteilung in 20 Szenen harmoniert mit der Greg-Ausgabe von 1928 (Malone Society Reprint). Besondere Schwierigkeiten, etwa wie beim „Faustus", gibt es nicht. Umstritten sind lediglich zwei Punkte: erstens der Schluß der 4. Szene, wo es gegen Ende die schockierende Bühnenanweisung „Enter the Admiral in his bed" gibt, die aber ganz naiv gelesen werden muß und nichts weiter als die theatralische Realisierung des angekündigten Besuchs beim Admiral beschreibt, die den Bühnenverhältnissen von 1593 entspricht (vom Admiralsbett der Oberbühne wird einfach ein Vorhang gezogen, und damit ist die neue Teil-Szene, von mir 4b genannt, da); zweitens die mehrfache Unterteilung der 5. Szene, die von einigen Editoren nicht als eine zusammenhängende Szene gesehen wird, die jedoch genau der elisabethanischen „battle scene" (Beschreibung einer Schlacht) entspricht, welche sehr oft, etwa bei Shakespeare, als eine Folge von zusammenhängenden Kurz-Szenen konzipiert ist, in unserem Stück sogar noch durch die Klammer des durchgehenden Glockenläutens zusammengehalten wird. Die Darstellung der Bartholomäusnacht durch diese jagenden Kurz-Szenen, die ausgewählte Momentaufnahmen für das Ganze setzt, muß überhaupt als außerordentlich geschickt bezeichnet werden. Die trotz seines Engagements spielerische Bewältigung solch formaler Probleme, kurz, die Souveränität des jungen Stückeschreibers ist spürbar.

Anhang: Szenarium

1 In Paris heiratet der junge protestantische König von Navarra in das französische Königshaus ein. Wegen der Glaubensgegensätze im Land beunruhigt die Frage: wie wird sich die militant katholische Guise-Partei verhalten?

2 Der Herzog von Guise aktiv: ein Apotheker soll die Mutter Navarras vergiften, ein Soldat den Protestantenadmiral Coligny erschießen. Anschließend großer Monolog des Guise über sein Trachten nach der Krone.

3 Navarras Mutter wird vergiftet, der Admiral angeschossen. Der König soll's erfahren.

4 (a) Trotz Sträuben des Königs: die Guise-Partei beschließt das Protestanten-Massaker, mit genauem Plan. Botschaft vom angeschossenen Admiral.

(b) Der König besucht den Admiral an seinem Bett, verspricht Bestrafung des Anschlags und Schutz.

5 (a) Die Massaker-Planer wollen zuerst den Admiral liquidieren: er wird erstochen und aus dem Fenster geworfen. Auf Befehl des Guise: Kanonendonner und Glockenläuten als Signal zum Massaker.

(b) Guise und Anhänger auf Protestantenjagd.

(c) Der Prediger Léran wird von Guise persönlich ermordet.

(d) Der Hugenotte Seroun wird vor seinem Haus getötet.

(e) Der Gelehrte Ramus wird gewarnt, sein katholischer Freund wird geschont, er selbst von Guise und Gefolgsleuten nach kurzem Disput getötet. Weitere Maßnahmen werden angeordnet.

(f) Die Erzieher des Königs von Navarra werden von Guise persönlich getötet, der noch Befehle für die Provinz gibt und dann die Glocken von Paris anhalten läßt.

6 Der Herzog von Anjou, Königsbruder, übernimmt die angebotene polnische Krone.

7 Der Leichnam des Admirals wird an einen Baum gehängt: Catharina, die Königin Mutter, findet die Luft nicht gut. Guise will Hugenotten auch in den Wäldern aufspüren und ausrotten. Catharina versichert dem Kardinal

von Lothringen, daß der König, der das Massaker rächen will, sterben soll.
8 Einige Protestanten, an einsamem Ort betend, werden vom Guise-Trupp liquidiert.
9 König Charles stirbt. Catharina schickt nach Polen, um ihren zweiten Sohn zurückzurufen. Der König von Navarra sieht seine Sicherheit gefährdet, will fliehn, rüsten, auf Gott vertrauen.
10 Der Herzog von Anjou gekrönt als König Henri III.; verspricht Treue zu seinen Günstlingen. Vorfall mit einem Taschendieb. Catharina, intim mit dem Kardinal von Lothringen, will auch den neuen König ins Jenseits befördern, falls der die rüstende Guise-Partei nicht unterstützt.

Die Pause

11 Die Herzogin von Guise schreibt an ihren Geliebten Maugiron. Ihr Gatte überrascht sie, liest den Brief: nur ihre Schwangerschaft rettet sie vor seiner Rache.
12 Der König von Navarra ruft seine Truppen zum Abwehrkampf auf. Nachrichten von einem sich nähernden französischen Königsheer treffen ein.
13 König Henri macht seinen Günstling Joyeuse nicht ohne Sorge zum Heerführer. Er erinnert den Herzog von Guise höhnend an dessen untreues Weib, was den racheschwörend forttreibt. Der bedrohte Maugiron, davon hörend, geht dem Herzog nach. Der König ist besorgt auch um seinen zweiten Günstling.
14 Sieg für das Navarra-Heer, Joyeuse tot, die Königin von England wird weiterhelfen.
15 (a) Ein gedungener Soldat lauert, lasziv witzelnd, Maugiron auf; erschießt ihn; wird von Guise belohnt.
(b) König Henri und Günstling Epernon werfen Guise Hochverrat wegen dessen Privatarmee vor. Guise heuchelt Unterwerfung. Epernon rät zur Beseitigung des Guise, und der König will handeln.
16 Der König von Navarra will dem vom Guise bedrängten französischen König Beistand leisten.

17 Ein Hauptmann der Garde bezahlt drei Mörder, die auf den Guise angesetzt sind, überprüft von König Henri. Der Audienz suchende Guise wird mit Vertrauen getäuscht, glaubt sich stark. Der 3. Mörder warnt ihn; der 1. und 2. ermorden ihn. König Henri zählt befriedigt die Sünden des Guise auf. Dessen junger Sohn, vorgeführt und Rache suchend, muß in den Kerker. Der König gibt Auftrag, auch den Herzog von Mayenne und den Kardinal von Lothringen, Brüder des Guise, umzubringen. Catharina, die Königin Mutter, flucht und klagt über die neue Lage.
18 Der Kardinal von Lothringen wird erdrosselt.
19 Der Herzog von Mayenne, selber entkommen, erfährt vom Tod seiner Brüder. Ein Mönch bietet an, König Henri zu töten.
20 König Henri von Frankreich und der König von Navarra vereint vor Paris. Der Mönch übergibt einen Brief, verwundet König Henri und wird selber getötet. Ein Wundarzt untersucht die Verletzung des Königs und sagt dessen Tod voraus. Der König schickt Botschaft und Grüße an die Königin Englands, ruft zum Kampf gegen die Kirche Roms und das romtreue Paris auf, benennt den König von Navarra als seinen Thronerben und stirbt. Der König von Navarra gelobt ein würdiges Begräbnis und Rache an Rom.

THE
TRAGICALL
History of D. Faustus.

As it hath bene Acted by the Right Honorable the Earle of Nottingham his seruants.

Written by Ch. Marl.

LONDON
Printed by V. S. for Thomas Bushell. 1604.

Christopher Marlowe

Die Historie von Doktor Faustus

DURCHGEHENDE ROLLEN

Faustus
Mephostophiles
Wagner

EPISODENROLLEN

Der Chorus
Der gute Engel
Der böse Engel
Valdes
Cornelius
2 Gelehrte
Robbi, ein Clown
Rudi, ein Knecht
Luzifer
Die 7 Todsünden

Der Papst
Der Kardinal von Lothringen
Ein Mönch
Ein Schankwirt
Der Kaiser
Ein Ritter
Ein Roßhändler
Der Herzog von Anhalt
Die Herzogin von Anhalt
Ein alter Mann

STUMME ROLLEN

Helena
Alexander
Alexanders Geliebte

Mönche
Teufel
Hofgefolge

Der Chorus tritt auf:

Heut geht's nicht in die Schlacht mit Hannibal,
Dem sich Gott Mars so oft verbündete,
Noch zeigen wir die Tändelein der Liebe
An Königshöfen, bis der Staat umstürzt,
Noch will im Pomp von stolzen, kühnen Taten
Der Dichter seinen Himmelsvers entfalten:
Nur dies, Verehrte, wolln wir neu beleben,
Das Leben Fausts, im Guten wie im Bösen.
Duldsame Richter gehn wir um Applaus an
Und sprechen kurz von Faust in seiner Jugend:
Er war geborn, von Eltern niedrer Abkunft,
In einer Stadt in Deutschland names Roda;
In reifern Jahrn ging er nach Wittenberg,
Wo sich Verwandte seiner angenommen;
So rasch kam er voran in Gottes Wort,
Dem reichen Feld ehrwürdiger Wissenschaft,
Daß er in kurzer Zeit schon Doktor war
Und alle übertraf im Disputieren
Über die Themen heiliger Theologie;
Bis er, von Wissenseitelkeit geschwollen,
Mit wächsernen Schwingen sich zu hoch gewagt
Und, sie zerschmelzend, ihn der Himmel stürzte.
Denn, sich ergebend teuflischen Lektionen,
Da mit Gelehrsamkeit jetzt überfressen,
Giert er nach der verfluchten Schwarzen Kunst:
Nichts ist für ihn so süß wie die Magie,
Er zieht sie vor selbst seiner Seligkeit —
Und dies der Mann, da sitzt er und studiert.
               (Chorus ab.)

1. Szene

(Faustus in seinem Studio.)

FAUSTUS: Schließ deine Studien ab, Faust, und fang an,
Der Professionen Tiefe zu ergründen!
Du bist graduiert, bleib Theolog zum Schein,
Doch ziele nach dem Endzweck jeder Kunst,
Und leb und stirb im Aristoteles!
O Analytik, du hast mich entzückt:
„Bene disserere est finis logices!"
Ist, gut zu disputiern, der Logik Endzweck?
Kann diese Kunst kein größres Wunder bieten?
Dann lies nicht weiter: das erreichtest du!
Was Größeres ziemt sich für Faustus' Geist!
Sag „On kai me on"* Lebwohl! Galen, komm!
Seh ich doch: „Ubi desinit philosophus, ibi incipit medicus."**
Sei also Arzt denn, Faustus, scheffle Gold,
Mach dich durch eine Wunderkur unsterblich!
„Summum bonum medicinae sanitas."
Das Ziel der Heilkunst ist des Leibs Gesundheit.
Nun, Faustus, hast du nicht d a s Ziel erreicht?
Sind nicht schon dein Geplauder Heil-Lehrsätze?
Hängen als Denkmal nicht von dir Rezepte,
Die ganze Städte vor der Pest bewahrten
Und tausend hoffnungslose Fälle heilten?
Doch bist du stets nur Faustus, und ein Mensch.
Würdst du des Menschen Leben ewig machen!

---

* On kai me on = Sein und Nichtsein (griech.)
** Wo der Philosoph aufhört, dort fängt der Arzt an.

Oder, was tot, wieder zum Leben wecken!
Dann könnt man diese Profession wohl schätzen.
Fahrt hin, Heilkünste! Wo ist Justinian?
„Si una eademque res legatur duobus,
alter rem, alter valorem rei, et cetera."*
Ein schöner Fall lumpiger Erbschaftssachen!
„Exhaereditare filium non potest pater, nisi — "**
Das ist der Inhalt dieses Corpus Juris,
Universaler Kanon allen Rechts!
Sein Studium ziemt einem gekauften Knecht,
Der nach nichts strebt als äußerlichem Kram:
Zu unterwürfig und zu eng für mich!
So bleibt Theologie doch noch das Beste.
Die Bibel des Hieronymus: laßt sehn!
„Stipendium peccati mors est." Ha! Stipendium!
Der Lohn der Sünde ist der Tod: sehr hart!
„Si pecasse negamus, fallimur, et nulla est in nobis veritas."
Wenn wir sagen, wir haben keine Sünde, so verführen wir
uns selbst, und die Wahrheit ist nicht in uns.***
Nun, also müssen wir wohl sündigen
Und somit konsequenterweise sterben.
Ja, müssen sterben einen ewigen Tod!
Was für 'ne Weisheit: che sarà, sarà!
Was sein wird, soll sein? Fort, Theologie!
Diese Metaphysik der großen Magier,
Die zauberischen Bücher, d i e sind göttlich!

---

* Wenn ein und dieselbe Sache an zwei Personen vermacht ist, soll einer die Sache, der andere den Wert der Sache haben, usw.
** Ein Vater kann seinen Sohn nicht enterben, wenn nicht –
*** Die beiden Bibelzitate: Römer 6,23 und 1.Johannes 1,8.

Die Linien, Zirkel, Zeichen und Figuren,
Das ist, wonach am meisten mich verlangt!
O welche Welt der Wonne, des Profites,
Der Macht, der Ehre, der Allwissenheit
Ist hier verheißen einem treuen Jünger!
Was sich bewegt zwischen den ruhenden Polen,
Soll mir gehorsam sein! Kaisern und Königen
Wird nur gehorcht in ihren eignen Ländern,
Und ihr Befehl reicht nicht zu Wind und Wolken.
Doch dessen Herrschaft, der sich hierin auskennt,
Erstreckt so weit sich wie des Menschen Geist.
Ein guter Magier ist ein mächtiger Gott:
Hier plag dein Hirn, Faust, um Gottähnlichkeit!
(Wagner kommt.)
Wagner, empfiehl mich meinen teuren Freunden,
Den mir verwandten Valdes und Cornelius,
Ersuch sie inständig, mich zu besuchen!
WAGNER: Sehr wohl, Herr.
(Wagner ab.)
FAUSTUS: Mit ihnen sprechen ist mir größre Hilfe
Als all mein Mühen, plack ich mich auch noch so.
(Der gute Engel und der böse Engel erscheinen.)
GUTER ENGEL: O Faust, leg das verdammte Buch beiseite,
Und starr nicht drauf, daß es dich nicht versuche,
Und Gottes großer Zorn kommt auf dein Haupt!
Lies, lies die Schrift! Das hier ist Lästerung!
BÖSER ENGEL: Geh weiter, Faust, in der erhabnen Kunst,
Die alle Schätze der Natur erschließt!
Sei du auf Erden das, was Zeus im Himmel:
Herr und Gebieter aller Elemente!

(Die Engel ab.)
FAUSTUS: Wie bin ich angefüllt mit dem Gedanken!
Laß ich die Geister holen, was mich lüstet,
Mir alle Ungewißheiten erklären,
Ausführen, was an Kühnheiten ich will?
Ich laß sie wegen Gold nach Indien fliegen,
Den Ozean plündern wegen blanker Perlen
Und jeden Fleck der Neuen Welt durchsuchen
Nach feiner Frucht und fürstlichen Genüssen!
Ich laß sie seltene Philosophie
Und fremder Könige Geheimnis künden,
Laß sie um Deutschland einen Wall von Erz,
Ums schöne Wittenberg den Rheinstrom legen,
Laß sie die hohen Schulen fülln mit Seide,
Drin die Studenten prächtig einzukleiden!
Ich laß sie Geld bringen und werb Soldaten
Und jag den Herzog Parma aus dem Land[*]
Und herrsch als König all unsrer Provinzen!
Ja, seltsame Maschinen für den Krieg,
Als jenes Feuerschiff war vor Antwerpen,
Solln meine Geisterdiener mir ersinnen!
(Valdes und Cornelius kommen.)
Kommt, mir verwandte Valdes und Cornelius,
Und gönnt mir eure weise Unterhaltung!
Valdes, mein lieber Valdes und Cornelius,
Wißt, daß mich eure Worte jüngst gewannen,

---

[*] Der Herzog von Parma war zur Zeit Marlowes spanisch-katholischer Heerführer in den Niederlanden, die formell zum Deutschen Reich gehörten. Er personifizierte den Gegensatz zu Wittenberg und zum Anglikanismus.

Magie zu treiben und geheime Künste;
Zu euren Worten meine Phantasie,
Die mir nichts andres in den Kopf mehr läßt
Als Grübeleien über Schwarze Kunst.
Philosophie ist widerlich und dunkel,
Rechtswesen, Heilkunst sind für kleine Geister,
Theologie noch unter jenen dreien,
Freudeleer, harsch, verächtlich und erbärmlich.
Es ist Magie, Magie, die mich ergriffen!
Drum, edle Freunde, helft mir bei dem Schritt;
Denn ich, der ich mit scharfen Syllogismen
Die deutschen Pfaffen auf den Sand gesetzt
Und den die Blüte Wittenbergs umschwärmte
Um seiner Themen willen, wie die Geister
Den lieblichen Musäus einst im Hades,
Ich will das können, was Agrippa konnte:
Schatten beschwörn — ihn ehrte ganz Europa!
VALDES: Faustus, die Bücher hier, dein Kopf und unsre Kenntnisse
Sollen uns vor der Welt kanonisieren!
Wie die Indianer ihren spanischen Herrn,
So solln die Geister aller Elemente
Uns dreien allezeit gehorsam sein:
Als Löwen solln sie uns nach Wunsch begleiten,
Als deutsche Ritter mit gewaltigen Lanzen
Oder als Lappland-Riesen vor uns trotten;
Zuweiln als Weiber oder Mädchen kommen,
Mehr Schönheit bergend in den zarten Brauen,
Als in der weißen Brust ist Aphrodites!
Herschaffen solln sie Frachter aus Venedig
Und aus Amerika das goldne Vlies,

Das jährlich füllt des alten Philipp Schatz —
Wenn der gelehrte Faust entschlossen ist!
FAUSTUS: Valdes, in diesem bin ich so entschlossen,
Wie du zu leben: drum nicht solchen Einwand!
CORNELIUS: Die Wunder, die Magie vollbringen kann,
Werden dich allem andern abschwörn lassen!
Der, der geschult ist in Astronomie,
Gewandt in Sprachen, kundig der Gesteine,
Hat für Magie die nötigen Fundamente.
Drum zweifl' nicht, Faustus, bald berühmt zu werden
Und mehr besucht dieser Mysterien wegen
Als ehedem das Delphische Orakel!
Die Geister können uns die See austrocknen
Und uns die Schätze holn gesunkner Schiffe,
Ja, all das Gold, das unsre Vorväter
Bisher vergruben in dem Schoß der Erde!
Drum, Faustus, sag: was wird uns dreien fehlen?
FAUSTUS: Nichts, mein Cornelius! O das labt mein Herz!
Kommt, zeigt mir ein paar Proben der Magie,
Daß ich im dunklen Hain Beschwörung üben
Und diese Freuden ganz besitzen kann!
VALDES: So eil in irgendeinen stillen Hain,
Nimm Bacons und Albanos Werke mit,
Den Psalter und das Neue Testament —
Und was noch sonst dazu erforderlich,
Wolln wir dir kundtun, eh wir Abschied nehmen!
CORNELIUS: Valdes, erst sag die Wörter ihm der Kunst,
Und hat er dann gelernt die Riten alle,
Mag Faust sein Können selber ausprobieren!
VALDES: Erst will ich dich die Anfangsgründe lehren,

Und bald wirst du perfekter sein als ich.
FAUSTUS: So kommt und speist mit mir, und nach der Tafel
Wollen wir die Finessen diskutieren!
Denn eh ich schlaf, probier ich, was ich kann:
Heut nacht beschwör ich, wenn ich auch dran sterbe!
(Alle ab.)

Zwischenspiel

(Zwei Gelehrte kommen.)

1. GELEHRTER: Ich möchte wissen, was mit Faustus los ist, der sonst unsere Schulräume von „Sic probo"-Rufen widerhallen ließ.
2. GELEHRTER: Das werden wir herausbekommen, denn seht: da kommt sein Diener!
(Wagner kommt.)
1. GELEHRTER: He, Bursche, wo ist dein Herr?
WAGNER: Gott im Himmel weiß es.
2. GELEHRTER: Wie, du weißt es nicht?
WAGNER: Doch, ich weiß es, denn aus jenem folgt nicht das Gegenteil.
1. GELEHRTER: Mach zu, Bursche, laß deine Possen, und sag uns, wo er ist!
WAGNER: Aus jenem folgt nicht notwendig das Gegenteil durch die Gewalt des Arguments, worauf Ihr, ein Graduierter, Wert legen solltet: deshalb gesteht Euern Irrtum ein, und gebt besser acht!
2. GELEHRTER: Nun, sagtest du nicht, du wüßtest es?
WAGNER: Habt Ihr einen Zeugen dafür?

1. GELEHRTER: Ja, Kerl, ich hörte es von dir!
WAGNER: Fragt meinen Spießgesellen, ob ich ein Dieb bin!
2. GELEHRTER: Also du willst es uns nicht sagen.
WAGNER: Doch, Herr, ich will es Euch sagen. Aber wenn Ihr keine Dummköpfe wärt, würdet Ihr mich nie solch eine Frage fragen: denn ist er nicht ein „corpus naturale", und ist das nicht „mobile"? Also wozu mich solch eine Frage fragen? Wär ich nicht von Natur phlegmatisch, zum Zorn zu träge und eher geneigt zur Lüsternheit (zur Liebe, wollte ich sagen), dann dürftet Ihr nicht näher als vierzig Fuß an das herankommen, was da exekutiert wird — obgleich ich nicht zweifle, Euch beide gehängt zu sehn bei den nächsten Gerichtssitzungen! Nachdem ich so über Euch triumphiert habe, will ich ein Gesicht wie ein Puritaner schneiden und also zu sprechen beginnen: wahrlich, meine lieben Brüder, mein Herr ist drinnen beim Mahl mit Valdes und Cornelius, wie dieser Wein, wenn er sprechen könnte, Euer Hochwürden informieren würde; und somit, der Herr segne Euch, behüte Euch, und erhalte Euch als meine lieben Brüder, meine lieben Brüder!

(Wagner ab.)

1. GELEHRTER: Ja, dann, fürcht ich, ist er dieser verfluchten Kunst verfallen, wofür die zwei in aller Welt berüchtigt sind.
2. GELEHRTER: Wär er ein Fremder und mir nicht verbunden, ich würde mich dennoch um ihn grämen. Doch kommt, laßt uns gehn und den Rektor informieren — und sehn, ob der ihn durch seinen ernsten Rat zurückrufen kann!
1. GELEHRTER: Oh, nur ich fürchte, nichts kann ihn zurückrufen!
2. GELEHRTER: Dennoch laßt uns versuchen, was wir können!

(Beide ab.)

2. Szene

(Faustus bei der Teufelsbeschwörung.)

FAUSTUS: Jetzt, da der düstre Schatten dieser Erde,
 Verlangend nach Orions Nebellicht,
 Von der Antarktis in den Himmel schießt,
 Mit seinem Pechatem das All verdunkelt,
 Jetzt, Faust, beginne dein Beschwörungswerk,
 Und sieh, ob Teufel deinen Ruf befolgen,
 Wenn du Gebet und Opfer ihnen weihst!
 In diesem Zirkel steht Jehovas Name,
 Vorwärts und rückwärts und als Anagramm,
 Die abgekürzten Namen mancher Heiligen,
 Symbole aller himmlischen Trabanten
 Und Tierkreiszeichen und Kometenspur,
 Wodurch man Geister zum Erscheinen zwingt:
 Drum Faustus, fürchte dich nicht, sei entschlossen,
 Und prüf das Höchste, was Magie vermag!
 Sint mihi dei Acherontis propitii! Valeat numen triplex Jehovae! Ignei, aerii spiritus, salvete! Orientis princeps Luzifer, inferni ardentis monarcha, propitiamus vos, ut appareat et surgat Mephostophiles! — Quid tu moraris? Per Jehovam, Gehennam, et consecratam aquam, quam nunc spargo, signumque crucis, quod nunc facio, et per vota nostra, ipse nunc surgat nobis dicatus Mephostophiles!*

---

* Die Götter der Unterwelt seien mir gnädig! Jehovas Dreieinigkeit lebe wohl! Feurige, luftige Geister, seid gegrüßt! Luzifer, Fürst des Ostens, Herrscher des lodernden Infernos, wir bitten Euch um die Gunst, daß Mephostophiles emporsteige und erscheine! — Was zögerst du? Bei

(Mephostophiles erscheint.)
Zurück, befehl ich, wechsle die Gestalt,
Du bist zu scheußlich, um mich zu bedienen!
Komm wieder als ein alter Franziskaner,
Solch heiliges Kleid steht Teufeln immer gut!
(Mephostophiles ab.)
Ich seh, die Himmelsworte haben Macht:
Wer wollt' nicht Meister sein in dieser Kunst?
Wie willig, dieser Mephostophiles,
Voller Ergebenheit und Ehrerbietung:
Das ist die Kraft der Zauber der Magie!
Jetzt, Faust, bist du ein Magier laureatus
Und zwingst den großen Mephostophiles!
Quin redis, Mephostophiles, fratris imagine!*
(Mephostophiles erscheint als Franziskaner.)
MEPHOSTOPHILES: Nun, Faustus — was willst du, das ich tu?
FAUSTUS: Ich will, daß du mir dienst mein Leben lang,
Tust, was auch immer Faustus dir befiehlt,
Sei es: den Mond vom Himmel falln zu lassen
Oder den Ozean die Welt begraben!
MEPHOSTOPHILES: Ich bin ein Knecht des großen Luzifer,
Kann dir nicht folgen, wenn er's nicht erlaubt:
Nicht mehr, als er befiehlt, dürfen wir tun.
FAUSTUS: Befahl er dir nicht, mir hier zu erscheinen?
MEPHOSTOPHILES: Nein, ich kam zu dir her aus eignem Antrieb.

Jehova, der Hölle und dem geweihten Wasser, das ich jetzt aussprenge, beim Zeichen des Kreuzes, das ich jetzt mache, sowie bei unseren Beschwörungen soll vor uns jetzt besagter Mephostophiles persönlich emporsteigen!

* Wohlan, kehre zurück, Mephostophiles, in der Gestalt eines Mönchs!

FAUSTUS: Zwangen dich die Beschwörungsformeln nicht?
MEPHOSTOPHILES: Das war der Grund, jedoch nur indirekt:
    Denn hörn wir wen den Namen Gottes lästern,
    Der Schrift abschwörn und seinem Heiland Christus,
    So fliegen wir, die Seele zu erobern;
    Doch kommen nicht, braucht er nicht solche Mittel,
    Wo ihn Gefahr bedroht, verdammt zu werden.
    Drum ist der kürz'ste Weg, uns zu beschwören,
    Wenn abgeschworn wird der Dreieinigkeit
    Und angebetet wird der Fürst der Hölle.
FAUSTUS: Das hat Faustus getan und hält dran fest:
    Es ist kein Herrscher außer Luzifer,
    Dem Faustus sich mit Haut und Haar verschreibt!
    Das Wort „Verdammnis", es erschreckt nicht ihn:
    Eins ist ihm Hölle und Elysium,
    Sein Geist sei bei den alten Philosophen!
    Jedoch beiseit mit diesem Seelenkram:
    Sag, wer ist jener Luzifer, dein Herr?
MEPHOSTOPHILES: Erzherrscher und Gebieter aller Geister.
FAUSTUS: War jener Luzifer nicht einst ein Engel?
MEPHOSTOPHILES: Ja, Faustus, und wurd sehr geliebt von Gott.
FAUSTUS: Wie kommt es dann, daß er der Fürst der Teufel?
MEPHOSTOPHILES: Weil er sich einst erhob zu Stolz und Hochmut,
    Wofür Gott aus dem Himmel ihn verstieß.
FAUSTUS: Und wer seid ihr, die ihr um Luzifer?
MEPHOSTOPHILES: Unglückliche Geister, gefalln mit Luzifer:
    Verschworn uns gegen Gott mit Luzifer,
    Sind ewig nun verdammt mit Luzifer.
FAUSTUS: Wohin verdammt, wo lebt ihr?
MEPHOSTOPHILES: In der Hölle.

FAUSTUS: Wie kommt's, daß du jetzt draußen aus der Hölle?
MEPHOSTOPHILES: Dies ist die Hölle, und ich bin nicht draußen.
  Glaubst du, daß ich, der Gottes Antlitz schaute
  Und von des Himmels ewigen Freuden schmeckte,
  Jetzt nicht gefoltert bin von tausend Höllen,
  Derart beraubt des immerwährenden Glücks?
  O Faustus, laß die leichtfertigen Fragen,
  Die meine lechzende Seele schaudern machen!
FAUSTUS: Was, klagt der große Mephostophiles,
  Weil man die Freuden des Himmels ihm geraubt?
  Dann lern von Faustus männliche Courage,
  Und spott der Freuden, die dir da verwehrt!
  Geh, bring dem großen Luzifer diese Botschaft:
  Du sahst, daß Faustus ewigem Tod verfallen
  Durch kühne Zweifel an der Allmacht Gottes;
  Sag, er verschreibe Luzifer seine Seele,
  So er ihm vierundzwanzig Jahre gibt,
  Ihn leben läßt in aller Üppigkeit,
  Dich stets als meinen Diener um mich habend,
  Daß du mir gibst, worum ich immer bitte,
  Daß du mir sagst, wonach ich immer frage,
  Schlägst meine Feinde, beistehst meinen Freunden
  Und überhaupt stets meinem Willen folgst!
  Geh, kehr zurück zum mächtigen Luzifer,
  Und komm um Mitternacht dann in mein Studio,
  Und gib Bescheid von deines Meisters Sinn!
MEPHOSTOPHILES: Ich will's tun, Faustus.
            (Mephostophiles ab.)
FAUSTUS: Hätt so viel Seelen ich, wie Sterne sind,
  Ich gäb sie all für Mephostophiles!

Durch ihn will ich der Herr der Erde werden
Und eine Brücke durch die Lüfte schlagen,
Um übern Ozean ein Heer zu führen:
Erreichend so die Küste Afrikas,
Mach ich das Land zum Kontinent mit Spanien
Und beide meiner Krone untertan!
Der Kaiser soll nicht sein, wenn ich's nicht will,
Und auch kein andrer Potentat in Deutschland!
Jetzt, da ich habe, was ich mir gewünscht,
Will über diese Kunst ich meditieren,
Bis Mephostophiles zurückgekehrt.

(Ab.)

Zwischenspiel

(Wagner und ein Clown.)

WAGNER: He Junge, komm her!

CLOWN: Was? Junge? Potztausend! Junge! Ich hoff, Ihr habt eine Menge Jungen mit solchem Zwirbelbart gesehn wie dem hier! Junge, sagt der!

WAGNER: Sag, Bursche, hast du irgendwelche „Eingänge"?
(Geste des Geldzählens.)

CLOWN: Ja, und „Ausgänge" dazu, Ihr könnt's direkt sehen!
(Zeigt die Löcher in seinen Kleidern.)

WAGNER: Ah, armes Luder! Seh einer, wie Armut in ihrer Nacktheit noch Witze macht! Der Kerl ist mittellos und ohne Stellung, und so verhungert, daß er, wett ich, dem Teufel seine Seele verschriebe für eine Hammelkeule, wär sie auch roh und blutig!

CLOWN: Was? Dem Teufel meine Seele für eine Hammelkeule, wenn auch roh und blutig? Nicht doch, mein Freund! Bei der Jungfrau, ich müßte sie schön gebraten kriegen, und eine gute Soße dazu, wenn ich sie so teuer bezahl!

WAGNER: Schön, willst du mein Diener sein, und ich kleide dich wie einen: qúi mihi díscipulús?*

CLOWN: Was, in Verse?

WAGNER: Nein, Kerl, in „gewalkte" Seide und Läusewurz!

CLOWN: Was, was, Mäusefurz? – (Zum Publikum) Ja, ich dachte mir, daß das alles ist, was sein Vater ihm hinterließ! — Hört, es täte mir leid, Euch Euern Unterhalt zu rauben.

WAGNER: Kerl, ich sag, in Läusewurz!

CLOWN: Oho, oho, Läusewurz! Ei, wenn ich dann Euer Mann wär, wär ich vermutlich voll von Ungeziefer!

WAGNER: Das wirst du, ob du bei mir bist oder nicht. Doch, Bursche, laß deine Witze und verpflichte dich mir augenblicklich! Auf sieben Jahre! Oder ich mach all die Läuse auf dir zu irrenden Seelen, und die solln dich in Stücke reißen!

CLOWN: Hört, Herr, die Mühe könnt Ihr sparen: die sind schon zu selig bei mir! Sakra, sie sind so dreist mit meinem Fleisch, als ob sie bezahlt hätten für Essen und Trinken!

WAGNER: Also hörst du jetzt, Kerl? Hier, nimm diese Goldstücke!

CLOWN: Heiliger Bimbam! Und was soll ich damit?

WAGNER: Ei, Bursche, jetzt stehst du unter stündlicher Kündigungsfrist, wann und wohin immer der Teufel dich holen wird.

CLOWN: Nein, nein, hier nehmt Eure „Bratroste" zurück!

---

* der mein Schüler ist.

WAGNER: Wahrlich, ich nehm nichts davon.
CLOWN: Wahrlich, Ihr sollt aber!
WAGNER (zum Publikum): Seid Zeugen, daß ich sie ihm gab!
CLOWN: Seid Zeuge, daß ich sie Euch wiedergeb!
WAGNER: Schön, dann ruf ich g l e i c h zwei Teufel, die dich holen solln. Belial und Belfer!
CLOWN: Laßt Euren Belial und Euren Belfer nur kommen, und ich verhau sie, wie sie noch nie verhauen wurden, seit sie Teufel sind. Gesetzt, ich würd einen von ihnen killen, was würden die Leute sagen? „Seht ihr den tapferen Burschen da in der Pumphose? Er hat den Teufel gekillt!" Man würd mich Teufelskiller nennen im ganzen Sprengel!
(Zwei Teufel erscheinen; der Clown läuft
schreiend vor ihnen hin und her.)
WAGNER: Belial und Belfer: Geister hinweg!
(Teufel ab.)
CLOWN: Was, sind sie gegangen? Die Pest auf sie: sie haben unverschämt lange Krallen! Es war ein Mannsteufel und ein Weibsteufel; ich will Euch sagen, wie Ihr's erkennt: alle Mannsteufel haben Hörner, und alle Weibsteufel haben Spalten und gespaltene Hufe.
WAGNER: Gut, Bursche, folg mir!
CLOWN: Aber hört: wenn ich Euer Diener wär, würdet Ihr mich lehren, Belials und Belfers zu zitieren?
WAGNER: Ich will dich lehren, dich in alles mögliche zu verwandeln, in einen Hund oder eine Katze oder eine Maus oder eine Ratte oder sonst was.
CLOWN: Wie? Einen Christenmenschen in Hund oder Katze, in Maus oder Ratze? Nein, nein, Herr, wenn Ihr mich in was verwandelt, laßt es einen kleinen, niedlichen, hüpfenden

Floh sein, damit ich hier und dort und überall sein kann. O ich will den hübschen Mädchen die Schlitze kitzeln, ich will dazwischen sein, bei meiner Ehre!
WAGNER: Gut, Bursche, komm!
CLOWN: Aber hört, Wagner!
WAGNER: Was? Belial und Belfer!
CLOWN: O Gott, bitte, Herr, laßt Belial und Belfer schlafen gehn!
WAGNER: Kerl, nenn mich Meister Wagner, und heft dein linkes Auge diametral auf meine rechte Ferse, um quasi vestigiis nostris insistere!*

(Wagner ab.)

CLOWN: Gott verzeih mir, er spricht Kauderwelsch! Schön, ich will ihm folgen: ich will sein Diener sein, das ist klar.

(Ab.)

3. Szene

(Faustus in seinem Studio.)

FAUSTUS: Nun, Faust, mußt du durchaus in die Verdammnis?
Ist keine Rettung möglich?
Was nützt es dann, an Gott und Himmel denken?
Fort mit solch leeren Phantasien! Und zweifle!
Zweifle an Gott, und setz auf Luzifer!
Jetzt geh nicht rückwärts! Nein, Faust, sei entschlossen!
Was schwankest du? Oh, etwas tönt mir in den Ohren:
Schwör der Magie ab, kehr zu Gott zurück!

---

* gleichsam in meine Fußstapfen zu treten.

Ja, Faustus will zu Gott zurück.
Zu Gott? Er liebt dich nicht.
Der Gott, dem du dienst, ist dein Appetit,
Worin die Liebe ist zu Luzifer!
Ihm will ich baun Altar und eine Kirche
Und lauwarm Blut von Neugebornen opfern!
(Die beiden Engel erscheinen.)

GUTER ENGEL: Mein Faustus, laß diese verruchte Kunst!
FAUSTUS: Zerknirschung, Reue und Gebet: was soll's?
GUTER ENGEL: Oh, es sind Mittel zum Gewinn des Himmels!
BÖSER ENGEL: Eher Illusionen, Früchte simpler Mondsucht:
Es machet Menschen närrisch, die dran glauben!
GUTER ENGEL: Mein Faustus, denk an Gott und Himmelsdinge!
BÖSER ENGEL: Nein, Faustus, denk an Ehre und an Reichtum!
(Die Engel ab.)

FAUSTUS: Reichtum!
Die Herrschaft über Emden will ich haben!
Wenn Mephostophiles mir beistehn wird,
Welch Gott kann dir was tun, Faust? Du bist sicher.
Kein Zweifeln mehr! Komm, Mephostophiles,
Bring mir vom großen Luzifer frohe Botschaft!
Ist es nicht Mitternacht? Komm, Mephostophiles!
Veni, veni, Mephostophiles!
(Mephostophiles erscheint.)

Nun rede: was sagt Luzifer, dein Herr?
MEPHOSTOPHILES: Daß ich Faust dienen soll, solang er lebt,
Wenn er den Dienst mit seiner Seele kauft.
FAUSTUS: Schon hat Faust die für dich aufs Spiel gesetzt.
MEPHOSTOPHILES:
Doch, Faust, du mußt sie feierlich verschreiben,

In einer Urkunde mit eignem Blut:
Der große Luzifer will Sicherheit.
Lehnst du das ab, geh ich zurück zur Hölle.
FAUSTUS: Bleib, Mephostophiles, und sag mir: was wird meine
Seele deinem Herrn Gutes tun?
MEPHOSTOPHILES: Sein Reich vergrößern.
FAUSTUS: Ist das der Grund, daß er uns so versucht?
MEPHOSTOPHILES: Solamen miseris socios habuisse doloris.*
FAUSTUS: Habt ihr denn Schmerzen, wie sie andre foltern?
MEPHOSTOPHILES: So große, wie sie Menschenseelen haben.
Doch sag mir, Faustus, krieg ich deine Seele?
Und ich will sein dein Sklave und dir dienen
Und dir mehr geben, als dein Kopf sich ausdenkt.
FAUSTUS: Ja, Mephostophiles, ich geb sie dir.
MEPHOSTOPHILES: Dann, Faustus, stich dir mutig in den Arm,
Und sichre deine Seele zu, daß dereinst
Der große Luzifer sie fordern kann!
Und dann sei du so groß wie Luzifer!
FAUSTUS: Sieh, Mephostophiles, wie dir zuliebe
Ich mir den Arm ritz und mit eignem Blut
So meine Seele Luzifer bestimme,
Dem Oberherrn und Herrscher ewiger Nacht!
Sieh hier das Blut, das aus dem Arm mir tropft,
Und es soll dienlich sein dem, was ich wünsch!
MEPHOSTOPHILES: Doch, Faustus, du mußt es in der Art einer
Schenkungsurkunde schreiben.
FAUSTUS: Das will ich tun. Doch, Mephostophiles,
Mein Blut erstarrt, und ich kann nichts mehr schreiben.

---

* Der Trost der Unglücklichen sind Gefährten im Elend.

MEPHOSTOPHILES: Ich hol dir Feuer, um es aufzutauen.
>(Mephostophiles ab.)

FAUSTUS: Was mag das Stocken meines Bluts bedeuten?
Ist es unwillig, daß ich dies hier schreibe?
Was fließt es nicht, daß ich kann weiterschreiben?
„Faustus gibt seine Seele": ah, da stockt es!
Warum denn nicht? Ist nicht die Seele dein?
Drum schreib nochmal: „Faustus gibt seine Seele"!
>(Mephostophiles kommt mit einer Kohlenpfanne.)

MEPHOSTOPHILES: Hier: Feuer! Komm, Faustus, halt es drüber!

FAUSTUS: So, jetzt beginnt das Blut wieder zu fließen:
Jetzt will ich rasch damit zu Ende kommen.

MEPHOSTOPHILES: Oh, was werd ich nicht tun für seine Seele?

FAUSTUS: Consummatum est[*]: das Dokument ist fertig,
Und Faust gab seine Seele Luzifer.
Doch was soll diese Schrift auf meinem Arm?
„Homo fuge"[**]: wohin soll ich denn fliehn?
Wenn hin zu Gott, stößt er dich in die Hölle.
Die Sinne täuschen mich: es steht hier nichts.
Ich seh es klar, an dieser Stelle steht:
„Homo fuge" — doch wird kein Faustus fliehn.

MEPHOSTOPHILES: Ich hol ihm etwas zur Erheiterung.
>(Mephostophiles ab. Dann zurück mit Teufeln, die Faustus Kronen
>und reiche Gewänder bringen, tanzen und dann verschwinden.)

FAUSTUS: Sprich, Mephostophiles, was soll das Schauspiel?

MEPHOSTOPHILES: Nichts, Faustus, als nur deinen Geist aufheitern
Und dir beweisen, was Magie vermag.

---

[*] Es ist vollbracht.
[**] Fliehe, Mensch.

FAUSTUS: Kann Geister ich zitiern, wann's mir gefällt?
MEPHOSTOPHILES: Ja, Faust, und tun weit Größres in der Welt!
FAUSTUS: Das ist alsdann genug für tausend Seelen!
Hier, Mephostophiles, was ich verschreib:
Ich geb dir hier die Seele und den Leib!
Doch ist Bedingung, daß du alle Punkte,
Die zwischen uns vereinbart sind, erfüllst!
MEPHOSTOPHILES: Faust, bei der Hölle und bei Luzifer:
Ich schwör zu halten, was wir ausgemacht!
FAUSTUS: Dann hör mich lesen! Die Bedingungen wie folgt:
Zum ersten, daß Faustus ein Geist werden kann, in Form und Substanz.
Zum zweiten, daß Mephostophiles sein Diener sein soll und unter seinem Befehl steht.
Zum dritten, daß Mephostophiles für ihn tun soll und ihm bringe was auch immer.
Zum vierten, daß er in seinem Zimmer oder Haus unsichtbar um ihn sei.
Zum letzten, daß er besagtem Johann Faustus erscheinen soll zu jeder Zeit, in welcher Form und Gestalt es diesem immer beliebt.
Ich, Johann Faustus von Wittenberg, Doktor, gebe hiermit Leib und Seele an Luzifer, den Fürsten des Ostens, und seinen Minister Mephostophiles; und räume ihnen des weiteren volle Gewalt ein, nach Ablauf von 24 Jahren und bei Nichtverletzung obengenannter Punkte besagten Johann Faustus, Leib und Seele, Fleisch, Blut und Besitz, abzuholen und in ihre Behausung zu bringen, wo immer das sei.
                              Eigenhändig: Johann Faustus.
MEPHOSTOPHILES: Du überreichst dies, Faustus, als von dir?

FAUSTUS: Ja, nimm es, und der Teufel soll's dir lohnen!
MEPHOSTOPHILES: Jetzt, Faustus, verlang, was du willst!
FAUSTUS: Zuerst einen Disput über die Hölle.
   Sag mir, wo liegt, wozu der Mensch sagt: Hölle?
MEPHOSTOPHILES: Unter den Himmeln.
FAUSTUS: Ja, nur wo genau?
MEPHOSTOPHILES: Tief in dem Eingeweid der Elemente,
   Wo unsre Folter ist und ewige Bleibe.
   Es hat die Hölle keine Grenzen, noch
   Ist sie beschränkt auf einen einzigen Ort:
   Denn wo wir sind, ist Hölle, und wir müssen,
   Da wo die Hölle ist, auf ewig sein.
   Und schließlich: wenn einst diese Welt vergeht
   Und alle Kreatur gewogen wird,
   Wird alles Hölle, was nicht Himmel ist.
FAUSTUS: Komm, ich glaub eh'r, die Hölle ist ein Märchen.
MEPHOSTOPHILES: Ja, glaub's nur, bis Erfahrung dich bekehrt!
FAUSTUS: Wie, glaubst du also, Faustus wird verdammt?
MEPHOSTOPHILES: Ja, ganz unweigerlich: hier ist die Rolle,
   Drin gabst du deine Seele Luzifer.
FAUSTUS: Ja, und den Leib dazu: was kümmert's mich?
   Denkst du, daß Faust so närrisch ist, zu glauben,
   Nach diesem Leben gäb es eine Strafe?
   Pah, das sind Possen und Altweibermärchen!
MEPHOSTOPHILES: Doch, Faustus, ich bin ein Exempel, das Gegenteil zu beweisen: denn ich bin verdammt und bin jetzt in der Hölle.
FAUSTUS: Wie! Jetzt in der Hölle? Ja, wenn dies die Hölle ist, will ich gern hier verdammt sein: was, Aufundabgehn, Disputieren und so! Doch, um damit aufzuhören, verschaffe mir ein

Eheweib, das schönste Mädchen in Deutschland, denn ich bin sinnlich und lüstern und kann nicht leben ohne ein Weib!

MEPHOSTOPHILES: Wie, ein Eheweib? Ich bitte dich, Faustus, sprich nicht von einem Eheweib!

FAUSTUS: Doch, lieber Mephostophiles, hol mir eins, denn ich will eins haben!

MEPHOSTOPHILES: Schön, du willst eins haben. Setz dich, bis ich zurückkomm: ich hol dir ein Eheweib, in Teufels Namen!

(Mephostophiles ab. Dann zurück mit einem Teufel, der wie ein Weib gekleidet ist, das mit Feuer rangeht.)

MEPHOSTOPHILES: Sprich, Faustus, wie gefällt dir denn dein Weib?

FAUSTUS: Die Pest auf sie: 'ne scharfe Hur'!

MEPHOSTOPHILES: Ah, Faustus,
Heiraten ist doch eine feierliche Grille.
Wenn du mich liebst, denk nicht mehr dran!
Ich such dir aus die schönsten Kurtisanen
Und bring sie jeden Morgen an dein Bett:
Die, die dein Auge wählt, sollst du besitzen,
Wär sie so keusch auch wie Penelope,
So weise wie die Königin von Saba,
So schön wie Luzifer vor seinem Fall!
Hier, nimm dies Buch, und lies es gründlich durch:
Das Nachziehn dieser Linien bringt dir Gold;
Das Zeichnen dieses Zirkels auf den Boden
Bringt Wirbelwinde, Stürme, Blitz und Donner;
Sprich dies hier dreimal nur mit Andacht aus,
So werden dir Geharnischte erscheinen,
Bereit, das auszuführn, was du verlangst!

FAUSTUS: Dank, Mephostophiles, doch gern möchte ich ein Buch haben, worin ich absolut alle Zaubersprüche und Beschwörungsformeln finden kann: damit ich Geister zitieren kann, wann es mir gefällt.

MEPHOSTOPHILES: Hier, sie sind in diesem Buch.

(Sie wenden sich der Sache zu.)

FAUSTUS: Dann möchte ich ein Buch haben, worin ich alle Sternbilder und Planeten des Himmels finde, damit ich ihre Positionen und Bewegungen kennenlerne.

MEPHOSTOPHILES: Hier sind auch sie.

(Sie wenden sich der Sache zu.)

FAUSTUS: Gleichwohl verschaffe mir noch ein Buch, und dann hab ich genug, worin ich alle Pflanzen, Kräuter und Bäume finden kann, die auf der Erde wachsen!

MEPHOSTOPHILES: Hier sind sie.

FAUSTUS: Oh, du irrst dich!

MEPHOSTOPHILES: Ah, ich garantier's dir!

(Sie wenden sich der Sache zu.)

Zwischenspiel

(Der Clown als Stallknecht, mit einem Buch in der Hand.)

CLOWN: O das ist wunderbar! Hier hab ich eins von Doktor Faustus' Beschwörungsbüchern geklaut, und bei meiner Ehre, ich gedenke, in gewisse magische Zirkel nach persönlichem Bedarf einzudringen! Jetzt will ich all die Mädchen in unserm Sprengel nach meinem Belieben splitternackt vor mir tanzen lassen, auf die Art werde ich mehr sehn, als ich je fühlte, oder gar sah!

(Rudi kommt, nach dem Clown rufend.)

Rudi: Robbi, bitte komm sofort! Da ist ein Herr, der auf sein Pferd wartet, und er will seine Sachen geputzt und gebürstet haben! Er schimpft so mit der Herrin herum, und die hat mich geschickt, dich ausfindig zu machen! Bitte komm sofort!

Clown: Bleib draußen, bleib draußen, oder du fliegst in die Luft, du wirst in Stücke gerissen, Rudi! Bleib draußen, denn ich bin bei einem verdammt gefährlichen Stück Arbeit!

Rudi: Komm, was machst du mit dem Buch da, das du nicht lesen kannst?

Clown: Doch, der Herr und die Herrin sollen merken, daß ich jemandem den Text lesen kann: er, wenn er sich an die Stirn faßt; sie, wenn ich ihr Privatstunden geb. Sie ist dazu geboren, mich geduldig zu ertragen, oder meine Kunst ermattet.

Rudi: Ei, Robbi, was für ein Buch ist das?

Clown: Was für ein Buch? Ei, das unduldbarste Beschwörungsbuch, das je von einem schwefligen Teufel ausgeheckt wurde!

Rudi: Kannst du damit zaubern?

Clown: Ich kann alles sowas leicht damit machen. Als erstes kann ich dich in jeder Taverne Europas kostenlos mit Zimmetwein betrunken machen: das ist eins von meinen Zauberstücken.

Rudi: Unser Herr Pfarrer sagt, das gibt's nicht.

Clown: Doch, Rudi! Und ferner, Rudi, falls du vielleicht ein Gelüst auf Hanne Spieß hast, unsere Küchenmagd, dann dreh sie und wend sie nach deinem persönlichen Bedarf, so oft wie du willst, und das um Mitternacht!

Rudi: O fein, Robbi! Werd ich Hanne Spieß kriegen, und für meinen persönlichen Bedarf? Bei der Lage will ich deinen Teufel mit Kleie füttern, sein Leben lang, kostenfrei!

CLOWN: Genug, lieber Rudi! Laß uns gehn und die dreckigen Stiefel sauber machen, die unsren Händen obliegen, und dann zu unsrer Beschwörung, in Teufels Namen!
(Beide ab.)

4. Szene

(Faustus in seinem Studio, mit Mephostophiles.)

FAUSTUS: Schau ich die Himmel an, dann fühl ich Reue
Und fluche dir, verruchter Mephostophiles:
Denn du hast mich beraubt all jener Freuden!
MEPHOSTOPHILES:
Wie, Faust, denkst du, der Himmel ist so herrlich?
Glaub mir, er ist nicht halb so schön wie du
Oder ein Mensch sonst, der auf Erden atmet!
FAUSTUS: Beweise das!
MEPHOSTOPHILES: Er wurd gemacht für Menschen:
Drum ist der Mensch vollkommener.
FAUSTUS: Ist er für Menschen, ist er auch für mich:
Ich laß diese Magie fahrn — und bereue!
(Die beiden Engel erscheinen.)
GUTER ENGEL: Faustus, bereu noch jetzt, Gott wird dich retten!
BÖSER ENGEL: Du bist ein Dämon, Gott kann dich nicht retten!
FAUSTUS: Wer raunt mir in die Ohrn, ich sei ein Dämon?
Wär ich ein Teufel, kann mich Gott doch retten:
Ja, und Gott rettet mich, wenn ich bereue!
BÖSER ENGEL: Ja, aber Faustus wird nie was bereuen!
(Die Engel ab.)
FAUSTUS: Mein Herz ist Stein, ich kann nicht Reue fühlen.
Kaum kann ich die Erlösung und den Glauben

Oder den Himmel anführn, daß nicht gleich
Furchtbare Echos in die Ohrn mir donnern:
"Faustus, du bist verdammt!" Dann seh ich Messer,
Schierling, Pistolen, Stricke, giftige Dolche
Direkt vor mir, daß ich mich selber fortschaff,
Und lange schon hätt ich mich selbst entleibt,
Hätt süße Lust Verzweiflung nicht besiegt.
Ließ ich Homer, den blinden, mir nicht singen
Von Paris' Liebe und Oenones Tod?
Und hat nicht er, der Thebens Mauern baute
Mit seiner Harfe hinreißendem Klang,
Mit meinem Mephostophiles musiziert?
Warum dann sterben und gemein verzweifeln?
Ich bin gewiß, Faustus wird nie bereuen!
Komm, Mephostophiles: wieder disputieren!
Thema: die göttliche Astronomie.
Sag, sind noch viele Sphären überm Mond?
Sind alle Himmelskörper eine Kugel,
Wie die Substanz dieser zentralen Erde?
MEPHOSTOPHILES: So wie die Elemente, so die Sphären:
Jeweils umhüllt vom jeweils nächsten Kreis.
Und, Faustus:
Alle vereint drehn sich um eine Achse,
Deren Ende nennen wir der Welten Pol.
Und diese Namen Mars, Saturn und Jupiter
Sind nicht erdichtet, sondern irrende Sterne.
FAUSTUS: Doch sag mir, machen sie alle dieselbe Drehung, situ et tempore?*

---

* in Richtung und Umlaufzeit.

MEPHOSTOPHILES: Alle zusammen drehen sich von Osten nach Westen in 24 Stunden um die Pole der Welt, doch differieren in ihrer Drehung um die Pole des Zodiakus.

FAUSTUS: Pah!

Solch seichte Auskünfte kann Wagner geben:

Hat Mephostophiles kein größres Wissen?

Wer weiß nicht von der doppelten Bewegung der Planeten? Die eine wird in Tagesfrist vollendet, die andre so: Saturn in 30 Jahren, Jupiter in 12, Mars in 4, die Sonne, Venus und Merkur in 1 Jahr, der Mond in 28 Tagen. Pah, das sind Neulings-Weisheiten! Doch sag mir, hat jede Sphäre eine Oberherrschaft oder intelligentia?

MEPHOSTOPHILES: Ja.

FAUSTUS: Wie viele Himmel oder Sphären gibt es?

MEPHOSTOPHILES: Neun. Die sieben Planeten, das Firmament und den obersten Himmel.

FAUSTUS: Gut, gib mir Auskunft über diese Frage: warum haben wir Konjunktionen, Oppositionen, Aspekte, Eklipsen nicht stets zu derselben Zeit, sondern haben in gewissen Jahren mehr, in andern weniger?

MEPHOSTOPHILES: Per inaequalem motum respectu totius.[*]

FAUSTUS: Gut, das ist beantwortet. Sag mir: wer schuf die Welt?

MEPHOSTOPHILES: Ich will nicht.

FAUSTUS: Lieber Mephostophiles, sag's mir!

MEPHOSTOPHILES: Erzürn mich nicht, denn ich will's dir nicht sagen!

FAUSTUS: Halunke, hab ich dich nicht verpflichtet, mir alles zu sagen?

---

[*] Wegen ungleicher Bewegung bezüglich des Ganzen.

MEPHOSTOPHILES: Ja, wenn es sich nicht gegen unser Reich richtet. Doch dies tut's. Denk an die Hölle, Faust: du bist der ihre!
FAUSTUS (beiseit): Faustus, an Gott denk, der die Welt erschuf!
MEPHOSTOPHILES: Vergiß das nicht!
    (Mephostophiles ab.)
FAUSTUS: Ja, geh, verfluchter Geist, zur schwarzen Hölle!
  Du hast verführt des armen Faustus Seele!
  Ist es zu spät?
    (Die beiden Engel erscheinen.)
BÖSER ENGEL: Zu spät!
GUTER ENGEL: Niemals zu spät, wenn Faust bereuen kann!
BÖSER ENGEL: Wenn du bereust, solln Teufel dich zerreißen!
GUTER ENGEL: Bereu, und nicht die Haut solln sie dir ritzen!
    (Die Engel ab.)
FAUSTUS: Ah, Christ mein Retter, versuch du,
  Des armen Faustus Seele noch zu retten!
    (Luzifer und Mephostophiles erscheinen.)
LUZIFER: Christus kann deine Seele nicht mehr retten:
  Er ist gerecht. 's gibt niemand außer mir,
  Der ein Interesse an derselben hat.
FAUSTUS: Oh, wer bist du, so schrecklich anzusehn?
LUZIFER: Ich bin Luzifer.
  Und dieser ist mein Mitregent der Hölle.
FAUSTUS: Sie kommen, Faustus, deine Seele holen!
LUZIFER: Wir kommen, dir zu sagen: du betrügst uns!
  Sprichst da von Christus, gegen dein Versprechen!
  Sollst nicht an Gott denken: denk an den Teufel
  Und seine Mutter!
FAUSTUS: Ich will's nicht wieder: dieses Mal vergebt,

Und Faustus schwört, er schaut nie mehr gen Himmel!
Ich laß den Namen Gottes nie mehr hören
Oder gar ein Gebet zu ihm aufsteigen,
Sein Wort verbrennen, seine Diener töten
Und meine Geister seine Kirchen schleifen!
LUZIFER: Tu das, und wir wolln höchlich dich belohnen!
Faustus, wir sind aus der Hölle gekommen, um dir etwas Kurzweil zu bieten: setz dich, und du sollst sämtliche Sieben Todsünden sehen, die dir in eigener Gestalt erscheinen!
FAUSTUS: Der Anblick wird so lieblich für mich sein, wie es das Paradies für Adam war, am ersten Tag seiner Erschaffung!
LUZIFER: Sprich nicht von Paradies und Erschaffung, sondern sieh dir das Schauspiel an! Sprich vom Teufel und von nichts sonst! — Fangt an!
(Auftritt der Sieben Todsünden.)
Nun, Faustus, examinier sie über ihre einzelnen Namen und Talente!
FAUSTUS: Wer bist du, die erste?
HOFFART: Ich bin die Hoffart. Ich halte es für unter meiner Würde, irgendwelche Eltern zu haben. Ich bin wie der Floh des Ovid: ich kann in jeden Winkel eines Mädchens kriechen; zuweilen, wie eine Perücke, sitz ich ihm auf der Stirn; oder, wie ein Fächer aus Federn, küß ich ihm die Lippen. Wahrlich, ich tu — was tu ich nicht? Doch pfui, was für ein Geruch hier! Ich spreche kein Wort mehr, wenn nicht der Fußboden parfümiert und mit Gobelins bedeckt wird.
FAUSTUS: Wer bist du, die zweite?
HABSUCHT: Ich bin die Habsucht. Gezeugt von einem alten Geizhals in einem alten Ledersack. Und ginge es nach meinem Willen, wünschte ich, daß dieses Haus und alle Leute

drin in Gold verwandelt würden, damit ich euch in meinen guten Kasten sperren könnte. O mein geliebtes Gold!
FAUSTUS: Wer bist du, die dritte?
ZORN: Ich bin der Zorn. Ich hatte weder Vater noch Mutter: ich entsprang dem Rachen eines Löwen, als ich kaum eine halbe Stunde alt war; und seit der Zeit bin ich auf der Welt hin und her gerannt, mit diesem Degenpaar mich selber verwundend, wenn ich keinen zum Kämpfen dabei hatte. Ich wurde in der Hölle geboren — also seht euch vor, denn einer von euch muß mein Vater sein!
FAUSTUS: Wer bist du, die vierte?
NEID: Ich bin der Neid. Gezeugt von einem Kaminkehrer und einem Muschelweib. Ich kann nicht lesen und wünsche deshalb, alle Bücher wären verbrannt. Ich bin mager davon, auch andere essen zu sehen. Oh, käme doch eine Hungersnot über die Welt, daß alles stürbe und ich könnte allein leben! Da solltest du sehn, wie fett ich würde! Aber mußt du sitzen, und ich stehe? Herunter da, zum Henker!
FAUSTUS: Hinweg, neidische Bestie! — Wer bist du, die fünfte?
VÖLLEREI: Ich, Herr? Ich bin die Völlerei. Meine Eltern sind beide tot, und sie haben mir, zum Teufel, keinen Pfennig hinterlassen, nur ein armes Kostgeld, und das sind dreißig Mahlzeiten pro Tag und zehn kleine Imbisse, eine unbedeutende Bagatelle, um die Natur zu befriedigen! Oh, ich komme aus königlicher Familie: mein Großvater war ein Schinken von Rauch, meine Großmutter eine Kanne von Burgunderwein! Meine Gevattern waren Peter Pökelhering und Martin Martinsgans, oh, aber erst meine Gevatterin, das war ein munteres Frauenzimmer, und sehr beliebt in jeder guten Stadt und Ortschaft, ihr Name war Hanne Hopfenbier!

Damit, Faustus, hast du mein ganzes Herkommen gehört: willst du mich nicht zum Nachtmahl bitten?

FAUSTUS: Nein, ich will dich hängen sehn: du willst meine ganzen Vorräte auffressen!

VÖLLEREI: So verschling dich der Teufel!

FAUSTUS: Verschling dich selber, Freßsack! — Wer bist du, die sechste?

TRÄGHEIT: Ich bin die Trägheit. Ich wurde gezeugt auf einer sonnenbeschienenen Sandbank, wo ich seither gelegen habe, und ihr habt mir großes Unrecht getan, mich von dort wegzuholen: laßt mich von der Völlerei und der Unzucht dort wieder hintragen! Ich spreche kein Wort mehr, nicht für das Lösegeld eines Königs!

FAUSTUS: Wer bist du, Jungfer Gefällig, die siebente und letzte?

UNZUCHT: Ich, Herr? Ich bin eine, die einen Daumen breit rohes Bockfleisch lieber hat als eine Elle gebratenen Stockfisch, und der erste Buchstabe meines Namens ist U wie Unzucht!

LUZIFER: Zurück zur Hölle, zur Hölle!

(Die Todsünden ab.)

Nun, Faustus, wie gefällt dir sowas?

FAUSTUS: Oh, sowas weidet meine Seele!

LUZIFER: Ah, Faustus, in der Hölle gibt's jede Art von Vergnügen!

FAUSTUS: Oh, könnt ich die Hölle sehn, und wieder zurückkehren, wie glücklich wär ich da!

LUZIFER: Du sollst es. Ich will um Mitternacht nach dir schicken. Inzwischen nimm dieses Buch, lies es gründlich durch, und du kannst dich verwandeln, in welche Gestalt du willst!

FAUSTUS: Vielen Dank, mächtiger Luzifer! Das will ich sorgsam wie mein Leben hüten!

LUZIFER: Leb wohl, Faustus, und denk an den Teufel!

FAUSTUS: Leb wohl, großer Luzifer! Komm, Mephostophiles!
(Alle ab.)

Zwischenspiel

(Solo-Auftritt Wagners.)

WAGNER: Es schwang sich der gelehrte Faustus auf,
   Die Rätsel der Astronomie zu lösen,
   Graviert ins Buch des hohen Firmaments;
   Und stürmte auf den Gipfel des Olymp,
   Sitzend in einem leuchtenden Gefährt,
   Gezogen von ins Joch gespannten Drachen.
   Jetzt ist er fort und lernt Kosmographie:
   Ich glaub, er wird zuerst in Rom eintreffen,
   Um dort den Papst und seinen Hof zu sehn
   Und teilzunehmen am Sankt-Peters-Fest,
   Das grade feierlich begangen wird.
            (Wagner ab.)

5. Szene

(Faustus und Mephostophiles.)

FAUSTUS: Wir haben jetzt, mein Mephostophiles,
   Mit Lust passiert die prächtige Stadt Trier,
   Umgeben rings von luftigen Höhenzügen,
   Mit Felsenmauern, tiefgezognen Gräben,
   Uneinnehmbar für fürstliche Erobrer;
   Sahn, nach Paris, den Grenzen Frankreichs folgend,

Dann den Fluß Main sich in den Rhein ergießen,
Dem grüne Weinberge die Ufer säumen;
Drauf nach Neapel und in die Campagna,
Wo die Gebäude schön, das Auge weidend,
Die Straßen grad, mit feinstem Stein gepflastert,
Die Städte teilend in je gleiche Viertel;
Dort sahen wir das goldne Grab Vergils,
Den Weg, den er sich nach der Sage hieb,
Durch Felsgestein in einer einzigen Nacht;
Dann nach Venedig, Padua und so fort,
Wo mittendrin grandiose Tempel stehn,
Die mit den ragenden Spitzen Sternen drohn!
So hat bisher Faustus die Zeit verbracht.
Doch sag mir jetzt: wie heißet dieser Rastplatz?
Hast du, wie ich dir ehedem befahl,
Mich in die Mauern der Stadt Rom geführt?

MEPHOSTOPHILES: Faustus, genau das tat ich. Und weil wir nicht ohne Audienz sein wollen, wählte ich Seiner Heiligkeit Privatgemach für unsre Zwecke aus.

FAUSTUS: Ich hoffe, Seine Heiligkeit heißt uns willkommen.

MEPHOSTOPHILES: Pah, daran liegt nichts, Mann: wir pfeifen auf seine gute Laune!

Und jetzt, mein Faustus, damit du gewahrst,
Was Rom alles enthält, dich zu erfreuen,
Wisse, die Stadt stehet auf sieben Hügeln,
Welche die Fundamente von ihr sind;
Grad mittendurch fließet der Tiberstrom,
In Windungen, sie in zwei Teile schneidend;
Über den sich vier prächtige Brücken spannen,
Die jedem Teil von Rom den Zugang sichern.

Bei einer davon, Ponte Angelo,
Ist eine Burg errichtet, kolossal,
Die solche Menge von Geschützen hat,
Doppelrohrstücke aus gehauener Bronze,
Wie's Tage gibt in einem ganzen Jahr;
Dazu die Tore und die Obelisken,
Gebracht von Caesar einst aus Afrika!
FAUSTUS: Nun, bei den Königreichen höllischer Herrschaft,
Beim Acheron, beim Styx, beim Feuerstrom
Des ewig brennenden Phlegethon, ich schwöre,
Daß es mich sehr verlangt, die Monumente
Und Anlage zu sehn des strahl'nden Rom!
Komm also, laß uns hin!
MEPHOSTOPHILES:
Nein, Faustus, wart: ich weiß, du wolltst den Papst sehn
Und teilnehmen gern am Sankt-Peters-Fest!
Du wirst sehn einen Haufen Glatzen-Mönche,
Und summum bonum ist ihr Bauchbehagen.
FAUSTUS: Schön, dann bin ich für etwas Schabernack,
Und ihre Narretei dien' uns für Spaß!
Darum verzaubere mich, so daß ich unsichtbar werde und
tun kann, was mir gefällt, ungesehen von jedermann, solange
ich mich in Rom aufhalte!
(Mephostophiles verzaubert ihn.)
MEPHOSTOPHILES: So, Faustus, jetzt tu, was du willst, niemand
wird dich gewahren!
(Trompeten. Der Papst und der Kardinal von Lothringen
kommen zum Festschmaus, mit Mönchen als Gefolge.)
PAPST: Monsignore von Lothringen, gefällt's Euch, so nehmt
Platz!

Faustus: Greift zu, und hol Euch der Teufel, wenn Ihr Euch schont!
Papst: Was ist das? Wer hat hier gesprochen? Brüder, schaut nach!
Mönch: Mit Eurer Heiligkeit Erlaubnis: hier ist niemand.
Papst: Monsignore, hier ist ein köstlicher Leckerbissen, den mir der Bischof von Mailand sandte.
Faustus: Ich dank Euch, Herr.
(Schnappt ihn weg.)
Papst: Was ist das? Wer hat mir die Speise weggeschnappt? Will niemand nachschaun? — Monsignore, diesen Leckerbissen sandte mir der Kardinal von Florenz.
Faustus: Ganz recht, gebt her!
(Schnappt ihn weg.)
Papst: Wie! Schon wieder? — Monsignore, ich trinke auf Euer Wohl!
(Faustus schnappt den Pokal weg.)
Faustus: Ich tu Euch Bescheid!
Kardinal: Monsignore, es ist vielleicht eine Seele, die vor kurzem aus dem Fegefeuer schlich und nun kommt, von Eurer Heiligkeit Absolution zu erbitten.
Papst: Es kann sein. Brüder, bereitet eine Seelenmesse vor, um die Raserei dieses Geistes einzudämmen! Nochmals, Monsignore, greift zu!
(Der Papst bekreuzigt sich.)
Faustus: Was! Ihr bekreuzigt Euch? Nun, versucht den Trick nicht noch einmal, ich rat's Euch!
(Der Papst bekreuzigt sich wieder.)
Nun, das war das zweite Mal. Hütet Euch vorm dritten, ich warn Euch als Freund!

(Der Papst bekreuzigt sich wieder, Faustus gibt ihm
eine Ohrfeige, worauf alles die Flucht ergreift.)

Auf, Mephostophiles! Was tun wir jetzt?

MEPHOSTOPHILES: Ja, ich weiß nicht. Man wird uns mit Glöckchen, Meßbuch und Kerze verfluchen.

FAUSTUS: Ha! Schelle, Buch und Kerze! Kerze, Buch und Schelle!
Vorwärts und rückwärts schickt Faustus man zur Hölle!
Gleich hört ihr ein Schwein grunzen, ein Kalb blöken und
einen Esel schrein:
Denn heute sind Sankt-Peters Festerein!

(Auftritt der Mönche, um die befohlene Messe zu singen.)

MÖNCH: Kommt, Brüder, laßt uns mit frommer Hingabe ans Werk gehn!

GESANG: Verflucht sei er, der Seiner Heiligkeit die Bissen vom Tische stahl! Maledicat dominus!
Verflucht sei er, der Seiner Heiligkeit einen Schlag auf die Backe gab! Maledicat dominus!

(Faustus schlägt einem Mönch auf die Glatze.)

Verflucht sei er, der Bruder Sandelo einen Schlag auf die Glatze gab! Maledicat dominus!
Verflucht sei er, der unsere heilige Seelenmesse störet! Maledicat dominus!
Verflucht sei er, der Seiner Heiligkeit den Wein wegnahm! Maledicat dominus! Et omnes sancti! Amen!

(Faustus und Mephostophiles prügeln die Mönche,
werfen Feuerwerk unter sie und verschwinden.)

Zwischenspiel

(Der Clown und Rudi mit dem Buch
und einem geklauten silbernen Becher.)

CLOWN: Komm, Rudi! Hab ich dir nicht gesagt, wir wären für immer gemacht durch dieses Buch von Doktor Faustus? Ecce signum![*] Hier ist ein Stück klarer Gewinst für Stallknechte! Unsere Pferde kriegen kein Heu zu fressen, solange das anhält!
RUDI: Doch Robbi, da kommt der Schankwirt!
(Ein Schankwirt tritt auf.)
CLOWN: Pst! Ich prell ihn auf übernatürliche Weise! — Zapfer, ich hoff, es ist alles bezahlt, Gott mit Euch! Komm, Rudi!
SCHANKWIRT: Sachte, Herr! Ein Wort mit Euch! Ich muß erst noch einen Becher bezahlt bekommen, eh Ihr geht!
CLOWN: Ich einen Becher, Rudi? Ich einen Becher? Ich verachte Euch, und Ihr seid nur ein Etcetera! Ich einen Becher? Durchsucht mich!
SCHANKWIRT: Das will ich, Herr: mit Eurer Erlaubnis!
(Durchsucht ihn. Der Becher wandert zu Rudi.)
CLOWN: Was sagt Ihr nun?
SCHANKWIRT: Ich muß Euerm Kumpan etwas sagen: Euch, Herr!
RUDI: Mir, Herr? Mir, Herr? Sucht Euch satt!
(Der Schankwirt durchsucht ihn. Der Becher
wandert wieder zum Clown.)
Nun, Herr, Ihr könnt Euch schämen, ehrlichen Leuten eine Betrügerei anzuhängen!

---

[*] Sieh den Beweis!

SCHANKWIRT: Ja, einer von Euch hat den Becher hinter sich!
CLOWN (beiseit): Du lügst, Zapfer, er ist vor mir. — Kerl Ihr, ich will Euch lehren, ehrliche Leute zu beschuldigen! — (Beiseit zu Rudi): Komm näher! — Ich putz Euch wie einen Becher! Aus dem Weg, rat ich Euch! Ich befehl's Euch im Namen Luzifers! — (Beiseit zu Rudi:) Paß auf den Becher auf, Rudi!
SCHANKWIRT: Was habt Ihr vor, Kerl?
CLOWN: Ich werd's Euch sagen, was ich vorhab! (Liest:) „Sanctabulorum Periphrasticon!" Ja, ich werd Euch kitzeln, Schankwirt! (Beiseit zu Rudi:) Paß auf den Becher auf, Rudi! (Liest:) „Polypragmos Luciforums framanto pacostiphos tostu Mephostophiles!"

(Mephostophiles erscheint unsichtbar und setzt ihnen
Feuerwerkskörper auf den Rücken: sie laufen hin und her.)

SCHANKWIRT: O nomine Domini! Was hast du vor, Robbi? Du hast keinen Becher!
RUDI: Peccatum peccatorum! Hier ist dein Becher, lieber Wirt!
CLOWN: Misericordia pro nobis! Was mach ich nur? Lieber Teufel, verzeih mir diesmal, und ich will nie wieder deine Bibliothek berauben!

(Mephostophiles tritt zu ihnen.)

MEPHOSTOPHILES: Verschwindet, Halunken: der eine als ein Affe, der zweite als ein Bär, der dritte als ein Esel, als Lohn für diese Unternehmung!

(Er verwandelt sie. Und macht sich davon.)

Der Chorus tritt auf:

Als Faustus mit Genuß besichtigt hatte
Manch Wunderwerk und stolzen Königshof,
Gab er die Fahrten auf und kehrte heim;
Wo die, die nur mit Kummer ihn entbehrten,
Wie die Vertrauten und die nächsten Freunde,
Ihm gratulierten zu der heilen Rückkunft;
Und in der Unterredung, die drauf stattfand,
Über sein Reisen durch die Welt und Lüfte,
Stellten sie Fragen in Astronomie,
Und Faustus gab mit solchem Wissen Antwort,
Daß drob Bewunderung und Staunen herrschte.
Nun ist sein Ruhm in jedes Land gedrungen,
Und unter anderm auch zum deutschen Kaiser,
Zu Karl dem Fünften, in dessen Palast
Faust nun zum Schmaus sitzt unter all den Edlen.
Was er dort tat, als Probe seiner Kunst,
Sei nicht erzählt: ihr sollt es selber sehn.
                    (Chorus ab.)

6. Szene

(Der Kaiser, Faustus, Mephostophiles, ein Ritter und Gefolge.)

KAISER: Meister Doktor Faustus, ich habe wunderbare Kunde von deinen Kenntnissen in der Schwarzen Kunst erhalten, als wie, daß keiner in meinem Reich noch in der ganzen Welt sich mit dir vergleichen kann in Anbetracht ungewöhnlicher Erfolge in der Magie. Man sagt, du hast einen dienstbaren Geist, durch den du erlangen kannst, was dich gelüstet. Dies daher ist mein Begehren: daß du mich ein Exempel deiner Fertigkeit sehen läßt, damit meine Augen Zeugen sein mögen und so bestätigen, was meine Ohren an Berichten gehört haben. Und hiermit verspreche ich dir, bei der Ehre meiner kaiserlichen Krone, daß dir, was immer du tust, in keiner Weise Schaden oder Nachteil entstehen soll.

RITTER (beiseit): Wahrlich, sieht ganz wie ein Taschenspieler aus.

FAUSTUS: Mein gnädiger Herrscher, obgleich ich mich als weit geringer bekennen muß als die Kunde, die man in Umlauf gebracht hat, und ganz unwert der Komplimente Eurer Kaiserlichen Majestät, bin ich, da Liebe und Ehrerbietung mich dazu verpflichten, dennoch bereit zu tun, was immer Eure Majestät mir befehlen mag.

KAISER: Dann, Doktor Faustus, höre meinen Wunsch!
Ich saß einmal in meinem Kabinett
Völlig allein, und allerlei Gedanken
Über den Ruhm der Ahnherrn kamen mir:
Wie sie durch Mut solche Erfolge hatten,
Beute errangen, Reiche unterwarfen,
So daß wir Nachfolgenden oder die,
Die künftig unsern Thron besitzen werden,
Nie, fürcht ich, zu solch einem hohen Grad
Des Ansehns und der Ehre kommen werden.
Und als das Weltwunder all dieser Könige
Ragt stets hervor der große Alexander:
Die Welt ist hell allein vom Widerschein
Des Strahlenglanzes seiner Ruhmestaten,
So daß, hör ich auch nur, wenn er erwähnt wird,
Es mich tief grämt, daß ich den Mann nie sah!
Wenn daher du, durch Gaben deiner Kunst,

Den Mann erwecken kannst aus heiligen Grüften,
Wo dieser glorreiche Erobrer ruht,
Und mit ihm seine blühende Geliebte,
Wahr in Gestalt und Haltung und auch Kleidung,
Die sie getragen haben einst im Leben,
So tust du zweierlei: stillst mein Verlangen
Und gibst mir Grund, dich lebenslang zu preisen.

FAUSTUS: Mein gnädiger Herr, ich bin bereit, Euern Wunsch zu erfüllen, insoweit ich durch Kunst und den Beistand meines Geistes zu einer solchen Darbietung fähig bin.

RITTER (beiseit): Wahrlich, sowas gibt's gar nicht!

FAUSTUS: Allerdings, mit Euer Gnaden Erlaubnis, es liegt nicht in meiner Macht, vor Euern Augen die wirklichen, materiellen Leiber jener zwei abgeschiedenen Fürstlichkeiten zu präsentieren, die seit langem zu Staub zerfallen sind.

RITTER (beiseit): Ei freilich, Meister Doktor! Es ist immerhin ein Zeichen von Anstand in Euch, daß Ihr die Wahrheit gestehn wollt!

FAUSTUS: Aber gewisse Geister, die Alexander und seine Geliebte lebensecht darstellen können, sollen vor Euer Gnaden erscheinen, im Zustand ihres intensivsten Lebens, in ihrer blühendsten Zeit, was, daran zweifle ich nicht, Eure Kaiserliche Majestät vollständig zufriedenstellen wird.

KAISER: Wohlan, Meister Doktor: laß sie mich alsbald sehen!

RITTER: Hört Ihr, Meister Doktor? Ihr habt Alexander und seine Geliebte vor den Kaiser zu bringen!

FAUSTUS: Ja und, Herr?

RITTER: Wahrlich, geradeso gut könnte Diana mich in einen Hirsch verwandeln!

FAUSTUS: Kaum, Herr; aber als Aktäon starb, hinterließ er Euch

seine Hörner. Mephostophiles, auf!
>(Mephostophiles ab.)

RITTER: Ja, wenn Ihr ans Beschwören geht, will ich weg.
>(Ritter ab.)

FAUSTUS: Ich rechne gleich noch mit Euch ab wegen dieser Störung. — Da sind sie, gnädiger Herr!
>(Mephostophiles kommt mit Alexander und seiner Geliebten.)

KAISER: Meister Doktor, ich hörte, diese Dame hatte im Leben eine Warze oder ein Mal am Hals. Wie soll ich wissen, ob das stimmt oder nicht?

FAUSTUS: Eure Hoheit möge kühn gehn und nachschaun!
>(Der Kaiser tut es. Danach Alexander und seine Geliebte ab.)

KAISER: Wahrlich, das sind keine Geister, sondern die wirklichen, materiellen Leiber jener zwei abgeschiedenen Fürstlichkeiten!

FAUSTUS: Würde es Eurer Hoheit gefallen, jetzt nach dem Ritter zu schicken, der mit mir hier vorhin so munter war?

KAISER: Man rufe ihn her!
>(Auftritt des Ritters mit einem Paar Hörner auf dem Kopf.)

KAISER: Je nun, Herr Ritter? Ah, ich hatte geglaubt, du wärst Junggeselle gewesen, doch jetzt seh ich, du hast ein Weib, das dir nicht nur Hörner aufsetzt, sondern sie dich auch sichtbar tragen läßt! Greif dir auf den Kopf!

RITTER: Verdammter Schuft, du niederträchtiger Hund,
Brut aus monströsen Höhlen im Gebirg,
Du wagst, so einen Edelmann zu schmähn?
Schurke, ich sag: stell ab, was du bewirkst!

FAUSTUS: Oh, nicht so schnell, Herr: nicht mehr Eile, als gut ist! Erinnert Ihr Euch, wie Ihr mir in meiner Unterredung mit dem Kaiser dazwischenfuhrt? Ich glaube, ich habe mit Euch abgerechnet dafür.

KAISER: Lieber Meister Doktor, auf meine Bitte hin erlös ihn: er hat genügend gebüßt!

FAUSTUS: Mein gnädiger Herr, nicht so sehr für den Hohn, den er mir hier in Eurer Gegenwart bot, sondern mehr, um Euch mit einem Spaß zu ergötzen, hat Faustus diesen höhnischen Ritter nach Verdienst belohnt. Es war alles, was ich wollte: ich bin einverstanden, ihn von seinen Hörnern zu erlösen. Also, Herr Ritter, in Zukunft redet gut über Gelehrte! Mephostophiles, entzaubere ihn wieder!

(Mephostophiles tut es.)

Nun, mein guter Herr, nachdem ich Euch meine Achtung ausgedrückt habe, nehme ich untertänigst meinen Abschied.

KAISER: Leb wohl, Meister Doktor, doch eh du gehst, erwarte von mir eine üppige Belohnung!

(Der Kaiser mit Gefolge ab.)

Zwischenspiel

(Faustus und Mephostophiles.)

FAUSTUS: Nun, Mephostophiles, der Lauf der Zeit,
    Der rastlos vor sich geht mit leisem Schritt,
    Den Lebensfaden meiner Tage kürzend,
    Fordert die Zahlung meiner letzten Jahre.
    Drum, lieber Mephostophiles, laß uns nach Wittenberg eilen!

MEPHOSTOPHILES: Wollt Ihr zu Pferde reisen, gar zu Fuß?

FAUSTUS: Nein, doch bis ich über diese liebliche, grüne Aue hinaus bin, will ich zu Fuß gehn.

7. Szene

(a)

(Faustus wieder zu Hause in Wittenberg, mit
Mephostophiles. Ein Roßhändler kommt herein.)

ROẞHÄNDLER: Ich hab den ganzen Tag einen gewissen Meister Fatzkus gesucht. Sakra, da ist er! Gott schütz Euch, Meister Doktor!

FAUSTUS: Holla, Roßhändler, du wirst erwartet!

ROẞHÄNDLER: Hört, Herr, ich bringe Euch vierzig Taler für Euern Gaul!

FAUSTUS: Dafür kann ich ihn nicht verkaufen. Wenn du ihn für fünfzig magst, nimm ihn!

ROẞHÄNDLER: Ach, Herr, ich habe nicht mehr! — Ich bitte Euch, sprecht für mich!

MEPHOSTOPHILES (ironisch): Ich bitte Euch, laßt ihn ihm! Er ist ein ehrlicher Bursche, und er hat eine schwere Bürde: weder Weib noch Kind.

FAUSTUS: Schön. Komm, gib mir dein Geld!

(Roßhändler tut es.)

Mein Bursche wird ihn dir übergeben. Doch ich muß dir etwas sagen, bevor du ihn hast: reite ihn nicht ins Wasser, auf keinen Fall!

ROẞHÄNDLER: Warum nicht, Herr, will er nicht von allen Wassern trinken?

FAUSTUS: O doch, er will von allen Wassern trinken! Aber reite ihn nicht ins Wasser, reite ihn über Hecken und Gräben und wohin du willst, aber nicht ins Wasser!

ROẞHÄNDLER: Gut, Herr. — Jetzt bin ich für immer ein gemachter Mann! Ich werde diesen Gaul nicht für vierzig hergeben! Wenn er nur die Eignung für Hei-ding-ding, Hei-ding-ding hat, so will ich ein Vermögen aus ihm machen! Er hat eine Kruppe, so glatt wie ein Aal! — Gut, Gott mit Euch, Herr, Euer Bursche wird ihn mir übergeben. Doch hört, Herr: falls der Gaul krank wird oder schlecht beisammen ist, und ich bringe Euch sein Wasser, sagt Ihr mir dann, was es ist?

FAUSTUS: Hinaus, du Gauner! Was! Glaubst du, ich bin ein Pferde-Doktor?

(Roßhändler ab.)

Was bist du, Faustus, als ein Mensch, verdammt zu sterben?
Es eilet deine Zeit zu ihrem Ende.
Verzweiflung jagt mir Sorgen in die Sinne.
Treib solche Qualen fort mit einem Schlaf!
Pah, Christus rief den Schächer noch am Kreuz!
Also beruhig, Faustus, deinen Geist!

(Schläft in seinem Stuhl ein. Der Roßhändler
kommt wieder: ganz naß, jammernd.)

ROßHÄNDLER: Aaah, aaah, Doktor Fatzkus, sag ich! Sakra, Doktor Lopus[*] war niemals solch ein Doktor! Gab mir ein Abführmittel, hat mir vierzig Taler abgeführt, ich werd sie nie mehr sehn! Aber Esel, der ich war, wollte ich nicht auf ihn hören, und er schärfte mir noch ein, ich sollte ihn in kein Wasser reiten! Na, ich dachte, mein Gaul hat irgendeine besondere Eigenschaft, von der er nicht wollte, daß ich sie weiß: ich, wie ein waghalsiger Grünschnabel, reit ihn in den tiefen Teich am Stadtausgang. Ich war kaum in der Mitte des

---

[*] Dr. Lopez war der berühmte Leibarzt von Königin Elisabeth (Näheres siehe Anhang).

Teichs, da schwindet mein Gaul dahin, und ich sitze auf einem Bündel Heu, noch nie im Leben so nah am Ersaufen! Aber ich will meinem Doktor einen Besuch abstatten, und meine vierzig Taler zurückhaben, oder der Gaul kommt ihn teuer zu stehen! Oh, da drüben ist sein Fixer-Faxer! Hörst du mich? Du, he-hopp, wo ist dein Meister?

MEPHOSTOPHILES: Warum, Herr, was wollt Ihr? Ihr könnt ihn nicht sprechen.

ROßHÄNDLER: Aber ich will ihn sprechen!

MEPHOSTOPHILES: Er schläft. Kommt zu einer andern Zeit!

ROßHÄNDLER: Ich will ihn jetzt sprechen, oder ich schlag ihm seine Fensterscheiben um die Ohren!

MEPHOSTOPHILES: Ich sage dir, er hat die letzten acht Nächte nicht geschlafen.

ROßHÄNDLER: Und wenn er die letzten acht Wochen nicht geschlafen hat: ich will ihn sprechen!

MEPHOSTOPHILES: Schau, wo er ist: in festem Schlaf!

ROßHÄNDLER: Ah, da ist er! Gott schütz Euch, Meister Doktor! Meister Doktor, Meister Doktor Fatzkus! Vierzig Taler, vierzig Taler für ein Bündel Heu!

MEPHOSTOPHILES: Nun, du siehst, er hört dich nicht.

ROßHÄNDLER (schreit Faustus ins Ohr): So-ho-ho! So-ho-ho! Nein, wollt Ihr nicht aufwachen? Ich bring Euch zum Aufwachen, bevor ich geh!
   (Zieht ihn am Bein — und reißt es ihm aus.)
Aaah! Ich bin ruiniert! Was mach ich nun?

FAUSTUS: O mein Bein, mein Bein! Hilf, Mephostophiles, ruf die Konstabler! Mein Bein, mein Bein!

MEPHOSTOPHILES: Komm, Halunke: auf die Stadtwache!

ROßHÄNDLER: O Gott, Herr, laßt mich laufen, und ich geb Euch nochmal vierzig Taler!

MEPHOSTOPHILES: Wo sind sie?

ROßHÄNDLER: Ich hab sie nicht bei mir, kommt in meine Herberge, und ich geb sie Euch!

MEPHOSTOPHILES: Pack dich auf der Stelle!

(Roßhändler rennt davon.)

FAUSTUS: He, ist er fort? Wohl bekomm's ihm! Faustus hat sein Bein schon wieder, und der Roßhändler, schätz ich, ein Bündel Heu für seine Mühe. Sehr schön: der Streich soll ihn nochmal vierzig Taler kosten!

(Wagner kommt.)

Holla, Wagner! Was bringst du Neues?

WAGNER: Herr, der Herzog von Anhalt erbittet dringend Eure Gesellschaft.

FAUSTUS: Der Herzog von Anhalt! Ein ehrenwerter Mann, gegen den ich mit meiner Kunst nicht knickrig sein darf. Komm, Mephostophiles, laß uns hin zu ihm!

(Faustus und Mephostophiles ab.)

(b)

(Der Herzog und die Herzogin von Anhalt,
Faustus und Mephostophiles.)

HERZOG: Glaubt mir, Meister Doktor, dieser Schwank hat mich sehr amüsiert!

FAUSTUS: Mein gnädiger Herr, es freut mich, daß er Euch so vergnügt. Aber vielleicht findet Ihr, Madame, kein Gefallen daran. Ich habe gehört, daß schwangere Frauen nach diesem oder jenem Naschwerk Verlangen haben. Was ist es bei

Euch, Madame? Sagt es mir, und Ihr sollt es haben!

HERZOGIN: Dank, lieber Meister Doktor. Und da ich Eure galante Absicht sehe, mir eine Freude zu machen, will ich Euch nicht verbergen, was mein Herz begehrt: und wär es jetzt Sommer, wie es Januar ist und die tote Zeit des Winters, ich begehrte keine feinere Speise als eine Schale voll reifer Trauben.

FAUSTUS: Ah, Madame, das ist gar nichts! Mephostophiles, auf!

(Mephostophiles ab.)

Wär es ein weit größer Ding als dies: so es Euch zufriedenstellte, solltet Ihr es haben!

(Mephostophiles kommt mit den Trauben.)

Hier sind sie, Madame: gefällt es Euch, sie zu kosten?

HERZOG: Wahrhaftig, Meister Doktor, hierüber staune ich mehr als über alles übrige: mitten in der toten Zeit des Winters, im Monat Januar, wie Ihr da zu diesen Trauben kommt!

FAUSTUS: Mit Euer Gnaden Erlaubnis: das Jahr ist in zwei Halbkugeln über die Welt verteilt, so daß, wenn es hier bei uns Winter ist, es auf der entgegengesetzten Halbkugel bei den Leuten Sommer ist, wie in Indien, Saba und noch entfernteren Ländern, und durch einen schnellen Geist, den ich da habe, ließ ich sie herbringen, wie Ihr seht. Wie findet Ihr sie, Madame, sind sie gut?

HERZOGIN: Glaubt mir, Meister Doktor, es sind die besten Trauben, die ich je im Leben kostete!

FAUSTUS: Es freut mich, daß sie Euch so zufriedenstellen, Madame.

HERZOG: Kommt, Madame, laßt uns hinein, wo Ihr diesen gelehrten Mann für die große Freundlichkeit, die er Euch erwiesen hat, reich belohnen müßt!

HERZOGIN: Das will ich, mein Gemahl, und ihm, solang ich lebe,

für diese Artigkeit verpflichtet bleiben.
FAUSTUS: Ich danke Euer Gnaden untertänigst.
HERZOG: Kommt, Meister Doktor, folgt uns und empfangt Eure Belohnung!

(Alle ab.)

Zwischenspiel

(Solo-Auftritt Wagners.)

WAGNER: Mir scheint, mein Meister glaubt, er müßt bald sterben,
Denn er hat mir sein ganzes Gut vermacht.
Und dennoch scheint mir, wär der Tod so nah,
Würd er nicht schmausen, zechen, sich besaufen
Mit den Gelehrten, wie er's grad jetzt treibt:
Sie sind beim Mahl mit solchem Bauchbehagen,
Wie Wagner es noch nie im Leben sah!
Da kommen sie: das Fest ist wohl zu Ende.

(Wagner ab.)

8. Szene

(Faustus mit den gealterten zwei Gelehrten und Mephostophiles.)

1. GELEHRTER: Meister Doktor Faustus, seit unserem Gespräch über schöne Frauen und welche die herrlichste auf der Welt gewesen ist, haben wir unter uns entschieden, daß Helena von Griechenland die wundervollste Frau war, die je gelebt hat. Daher, Meister Doktor, wenn Ihr uns die Gunst erweisen wolltet, uns jene unvergleichliche Dame Griechenlands

sehen zu lassen, vor deren Majestät die Welt sich neigt, so
würden wir uns Euch gegenüber sehr verpflichtet fühlen.
FAUSTUS: Meine Herrn!
Da ich es weiß, daß Eure Freundschaft echt ist,
Und es nicht Faustus' Art ist, billige Bitten
Von denen, die ihm wohlwolln, abzuschlagen,
Sollt Ihr sie schaun, die Zierde Griechenlands:
In ganz derselben Pracht und Majestät,
Wie Paris sie einst übers Meer geführt,
Dem reichen Troja das Verderben bringend.
Seid also still, denn Worte schaden hier!
 (Musik ertönt, und Helena schreitet über die Bühne.)
2. GELEHRTER: Zu simpel ist mein Kopf, um sie zu preisen,
Vor deren Majestät die Welt sich neigt!
1. GELEHRTER:
Kein Wunder, daß mit zehn Jahr Krieg die Griechen
Den Raub solch einer Königin verfolgten,
Deren Himmelsschönheit der Vergleiche spottet!
2. GELEHRTER: Da wir den Stolz der Schöpfung nun gesehn,
Das große Muster der Vollkommenheit,
 (Ein alter Mann kommt herein.)
Nehmen wir Abschied: diese Ruhmestat
Bring' Faustus Glück und Segen immerdar!
FAUSTUS: Meine Herrn, lebt wohl! Dasselbe wünsch ich Euch!
 (Die Gelehrten ab.)
ALTER MANN: Ah, Doktor Faustus, könnt ich deine Schritte
Doch wieder auf den Weg des Lebens lenken,
Auf welchem süßen Pfad dir hell das Ziel winkt,
Himmlischen Frieden für dich zu erlangen!
Brich, Herz, und blute, und misch Blut mit Tränen,

Tränen aus reuiger Bekümmernis
Über abscheuliche Besudelung,
Deren Gestank die innre Seele ansteckt
Mit solchen schnöden Freveln ekler Sünde,
Die kein Erbarmen, nichts je tilgen kann
Als Gnade, Faustus, deines süßen Heilands:
Sein Blut allein muß dir die Schuld wegwaschen!
FAUSTUS: Wo bist du, Faustus? Elender, was tatst du?
Verdammt bist du, verdammt! Verzag und stirb!
Die Hölle heischt ihr Recht, mit Donnerstimme,
Ruft: „Faustus, komm!" Und: „Deine Stunde naht!"
Und Faust wird kommen und dem Recht genügen!
(Mephostophiles gibt ihm einen Dolch.)
ALTER MANN: Ah, halt, mein Faustus, halt mit der Verzweiflung!
Ich seh, ein Engel schwebt dir überm Haupt,
Mit einer Phiole voll erlauchter Gnade,
Bereit, in deine Seele sie zu gießen:
Fleh um Erbarmen drum, verbann Verzweiflung!
FAUSTUS: Ah, lieber Freund, ich fühle deine Worte,
Gedacht als Trost meiner bedrängten Seele:
Laß mich allein, die Sünden zu bedenken!
ALTER MANN: Ich geh, mein Faustus, doch mit schwerem Herzen
Und Furcht um deine hoffnungslose Seele.
(Alter Mann ab.)
FAUSTUS: Unseliger Faustus, wo ist jetzt Erbarmen?
Ja, ich bereu, und doch verzweifle ich:
In meiner Brust kämpft Gnade mit der Hölle!
Was kann mich retten vor des Todes Schlingen?
MEPHOSTOPHILES: Verräter Faust, ich fessle deine Seele
Wegen Revolte gegen meinen Herrn:

Kehr um, sonst reiß ich dir dein Fleisch in Stücke!
FAUSTUS: Mein Mephostophiles, bitt deinen Herrn,
Mir ungerechten Hochmut zu verzeihn,
Und ich bestätige nochmal mit Blut
Den einstigen Schwur, den ich schwor Luzifer!
MEPHOSTOPHILES: Dann tu es schnell, mit unverstelltem Herzen,
Eh größrer Schaden deinem Schwanken folgt!
FAUSTUS: Martre, mein Freund, den gemeinen, krummen Alten,
Der mir von deinem Luzifer wollt raten,
Mit allen großen Martern unsrer Hölle!
MEPHOSTOPHILES: Er glaubt zu fest. Ich kann nicht an die Seele.
Doch wo ich seinen Leib mißhandeln kann,
Will ich's versuchen, hat der auch kaum Wert.
FAUSTUS: Um eins, mein Diener, laß mich dich dann bitten,
Damit ich meines Herzens Hunger stille:
Daß jene Himmelsschönheit Helena,
Die ich jüngst sah, meine Geliebte wird!
Ihr süß Umarmen könnte die Gedanken,
Die mich von meinem Schwur abziehn, ganz töten
Und mein Gelöbnis Luzifer bewahren.
MEPHOSTOPHILES: Faustus, dies, oder was du sonst begehrst,
Wird ausgeführt mit einem Augenwink.
             (Helena kommt.)
FAUSTUS: War dies das Antlitz, tausend Schiffe lockend,
Das da in Brand gesetzt die Türme Trojas?
Unsterblich mache mich mit einem Kuß!
             (Kuß.)
Ihr Mund saugte die Seele mir heraus!
Komm, Helena, gib mir die Seele wieder!
             (Kuß.)

Hier laßt mich sein: in diesem Mund ist Himmel,
Und alles Asche, was nicht Helena!
(Der alte Mann tritt seitwärts auf.)
Ich will dir Paris sein, und dir zuliebe
Sei anstatt Troja Wittenberg zerstört,
Und mit dem schwachen Menelaos kämpf ich
Und trage deine Farben auf dem Helm,
Ja, will verwunden des Achilles Ferse
Und dann zurück zu dir für einen Kuß!
O du bist schöner als der Abendhimmel
In seiner Herrlichkeit von tausend Sternen,
Bist strahlender als Jupiter in Flammen,
Wie er der armen Semele erschien,
Lieblicher als der Lichtgott, lüstern sinkend
In die azurnen Arme Arethusas,
Und einzig du sollst meine Liebe sein!
(Mit ihr ab.)

Zwischenspiel

(Der alte Mann, der zugehört hat.)

ALTER MANN: Unseliger Faustus, jämmerlicher Mensch,
Der du des Himmels Gnade dir verschließt
Und fliehst vor seinem Thron und Richterstuhl!
(Teufel erscheinen.)
Satan beginnt mit Macht mich zu versuchen:
Gott prüfe, wie dies Feuer, meinen Glauben!
Mein Glaube triumphiert über dich, Hölle!
Gierige Feinde, seht den Himmel lächeln

Zu eurer Abfuhr, eures Aufwands spotten!
Fort, Hölle, denn ich flieh zu meinem Gott!
(Alle ab.)

9. Szene

(Faustus mit den Gelehrten.)

FAUSTUS: Ah, meine Herrn!
1. GELEHRTER: Was fehlt Faustus?
FAUSTUS: Ah, mein lieber Stubenkamerad! Hätte ich mit dir weitergelebt, so könnte ich auch jetzt noch weiterleben, doch nun sterbe ich auf ewig! Schaut: kommt er schon? kommt er schon?
1. GELEHRTER: Was meint Faustus?
2. GELEHRTER: Vielleicht ist er irgendwie krank geworden durch zu viel Alleinsein.
1. GELEHRTER: Wenn es so ist, wollen wir Ärzte holen, um ihn zu kuriern. — Es ist nur eine Überladung des Magens, keine Sorge, Mann!
FAUSTUS: Eine Überladung mit Todsünde, die Leib und Seele verdammt hat!
2. GELEHRTER: Dennoch, Faustus: blickt auf zum Himmel! Bedenkt, Gottes Gnade ist grenzenlos!
FAUSTUS: Faustus' Missetat kann nicht vergeben werden! Die Schlange, die Eva verführte, mag erlöst werden, doch nicht Faustus! Ah, meine Herrn, hört mich mit Geduld an, und zittert nicht bei meinen Worten! Wenn mir auch das Herz freudig schlägt und klopft bei der Erinnerung, daß ich mich hier dreißig Jahre lang der Gelehrsamkeit gewidmet habe: O

hätte ich Wittenberg nie gesehn, nie ein Buch gelesen! Welche Wunder ich getan habe, kann ganz Deutschland bezeugen, ja die ganze Welt! Wofür Faustus sowohl Deutschland als auch die Welt verloren hat, und den Himmel dazu! Den Himmel: den Thron Gottes, die Gefilde der Glückseligen, das Königreich der Freude! Und muß auf ewig in der Hölle schmachten! Hölle, ah, Hölle auf ewig! Liebe Freunde, was wird aus Faustus, ewig in der Hölle!

2. GELEHRTER: Dennoch, Faustus: fleht zu Gott!

FAUSTUS: Zu Gott, dem Faustus abgeschworen hat? Zu Gott, den Faustus gelästert hat? Ah, mein Gott, ich möchte weinen, doch der Teufel hält meine Tränen zurück! Ströme heraus, Blut, anstatt der Tränen, ja Leben und Seele! Oh, er fesselt meine Zunge! Ich möchte meine Hände erheben, doch seht, sie halten sie fest, sie halten sie fest!

BEIDE: Wer, Faustus?

FAUSTUS: Luzifer und Mephostophiles. Ah, meine Herrn! Ich gab ihnen meine Seele für meine Kunst.

BEIDE: Gott bewahr uns!

FAUSTUS: Gott bewahr euch wirklich, doch Faustus hat es getan! Für 24 Jahre eitlen Vergnügens hat Faustus die ewige Freude und Glückseligkeit verloren. Ich schrieb ihnen eine Urkunde mit meinem eigenen Blut: die Frist ist abgelaufen, die Stunde naht, und er wird mich holen.

1. GELEHRTER: Warum hat Faustus uns das nicht früher gesagt, damit Geistliche hätten für dich beten können?

FAUSTUS: Oft habe ich daran gedacht, es zu tun, doch der Teufel drohte, mich in Stücke zu reißen, wenn ich den Namen Gottes nennen würde, Leib und Seele zu holen, wenn ich ein einziges Mal dem Himmlischen mein Ohr leihen würde: und nun ist es zu spät. Meine Herrn, fort, auf daß ihr nicht mit mir verderbet!

1. GELEHRTER: Oh, was sollen wir tun für Faustus?

FAUSTUS: Schwatzt nicht von mir, sondern rettet euch selber, und verlaßt mich!

2. GELEHRTER: Gott wird mir Kraft geben: ich bleibe bei Faustus.

1. GELEHRTER: Versucht Gott nicht, lieber Freund, sondern laßt uns in den Raum nebenan gehen und dort für ihn beten!

FAUSTUS: Ja, betet für mich, betet für mich, und welchen Lärm ihr auch immer hört, kommt nicht zu mir, denn mir kann nichts mehr helfen!

2. GELEHRTER: Bete du, und auch wir wollen beten: daß Gott Erbarmen mit dir habe!

FAUSTUS: Meine Herrn, lebt wohl: wenn ich morgen noch atme, besuche ich euch; wenn nicht, ist Faustus zur Hölle gefahren!

BEIDE: Faustus, leb wohl!

(Die Gelehrten ab. Die Uhr schlägt elf.)

FAUSTUS: Ah, Faustus!
Jetzt hast du nur noch eine arme Stunde,
Und dann mußt du in ewige Verdammnis!
Steht still, ihr rastlos kreisenden Himmelssphären,
Daß aussetze die Zeit und Mitternacht nie komme!
Du schönes Auge der Natur, steig auf,
Steig wieder auf, und mache ewigen Tag!
Oder laß diese Stunde nur ein Jahr sein,
Ein Monat, eine Woche, ein, ein Tag:
Daß Faustus büßen und sich retten kann!
O lente, lente currite, noctis equi!*

---

* O langsam, langsam lauft, ihre Rosse der Nacht! (Ovid, Amores I,XIII,40).

Die Sterne ziehn beständig ihre Bahn;
Die Zeit verrinnt; die Uhr wird schlagen;
Der Teufel, er wird kommen; Faust muß in Verdammnis!
O ich will aufspringen zu meinem Gott!
Wer ziehet mich hinab? — Ah, seht:
Seht, dort strömt Christi Blut am Firmament!
Ein Tropfen rettet mich, ein halber Tropfen!
Mein Christus, ah! — Ah, reiß mir nicht das Herz aus,
Wenn ich den Namen meines Christus nenne!
Selbst anflehn will ich dich: O schon mich, Luzifer! —
Wo ist es nun? 's ist fort! Und seht, wohin
Gott mit gefurchter Stirn den Arm ausstreckt!
Berge und Felsen, fallet über mich,
Und berget mich vor Gottes großem Zorn!
Nichts. Nichts.
So will ich häuptlings in die Erde stürzen!
Öffne dich, Erde! Nichts. Sie will mich nicht.
Ihr Sterne meiner einstigen Geburt,
Die ihr mir Tod und Hölle zugemessen,
Zieht Faustus jetzt empor, wie einen Nebel,
Dort in das Innre jener schwarzen Wolke —
Daß, wenn du in die Lüfte dich entlädst,
Dir meine Glieder aus dem Rauchschlund fallen
Und meine Seele so gen Himmel kann!

(Die Uhr schlägt.)

Ah, halb ist um die Stunde!
Bald wird sie ganz um sein!
O Gott,
Erbarmest du dich schon nicht meiner Seele,
Setz doch, um Christi willen, der sein Blut

Auch für mich hingab, meiner Pein ein Ende:
Laß Faustus in der Hölle tausend Jahre,
Ja hunderttausend, nur zuletzt erlös mich!
Oh,
Kein Ende ist gesetzt verdammten Seelen!
Warum warst du kein Wesen ohne Seele?
Warum ist die unsterblich, die du hast?
Ah, des Pythagoras Seelenwanderung:
Wäre die wahr, flöh diese Seele von mir,
Und ich verwandelt' mich in ein Getier!
Alles Getier ist glücklich: wenn es stirbt,
Löset sich seine Seele ebenfalls
Gleich in die Elemente auf, doch meine
Muß für die Qual der Hölle weiterleben!
Verflucht seien die Eltern, die mich zeugten!
Nein, Faustus, fluch dir selbst, fluch Luzifer,
Der dir die Freuden des Himmels hat geraubt!
  (Die Uhr schlägt zwölf.)
Es schlägt, es schlägt! Leib, wandle dich in Luft,
Sonst schleppt dich Luzifer lebend zur Hölle!
  (Donner und Blitz.)
O Seele, werd zu kleinen Wassertropfen,
Und falle in den Ozean, unauffindbar!
Mein Gott, mein Gott, nicht solchen harten Blick!
  (Teufel erscheinen.)
Nattern und Schlangen, laßt mich atmen noch!
Klaffe nicht, Hölle! Komm nicht, Luzifer!
Meine Bücher ins Feu'r! Ah, Mephostophiles!
  (Die Teufel mit ihm ab.)

Der Chorus tritt auf:

Gekappt der Zweig, der vollen Wuchs versprach,
Von Feu'r verzehrt Apollos Lorbeersproß,
Der einst erwuchs in diesem Wissensmann!
Faust ist dahin! Wägt seinen Höllensturz!
Sein teuflisches Geschick ermahn' die Weisen:
Genug ist Neugier auf Verbotenes,
Des Tiefe manchen, der sich findig glaubt,
Lockt, mehr zu treiben, als von Gott erlaubt!
        (Chorus ab.)

Nachwort 1972

I

Von Christopher Marlowe, dem Schuhmachersohn aus Canterbury, geboren im gleichen Jahr wie Shakespeare, doch mit 29 Jahren bei einem Wirtshausstreit ermordet, sind insgesamt 7 Stücke erhalten: der 1. und 2. Teil des „Tamerlan", „Der Jude von Malta", „Eduard der Zweite", „Das Massaker von Paris", „Doktor Faustus" und „Dido". Daneben hat er zumindest noch ein Hannibal-Drama geschrieben, wie aus dem Prolog zum „Faustus" hervorgeht. Und schließlich sind zwei Gesänge eines fragmentarischen Liebespoems „Hero und Leander" (später von Chapman vollendet) sowie Übersetzungen von Ovids „Elegien" und Lucans „Pharsalia" überliefert.

Die Textgeschichte seiner Dramen ist zum Teil unglücklich. Beim „Tamerlan", dem einzigen zu Marlowes Lebzeiten veröffentlichten Stück, hat sich der Drucker Eingriffe erlaubt, wie er im Vorwort bekennt, nämlich komische Partien fortgelassen, die er dem Stoff gegenüber für unwürdig hielt. Und „Dido" gibt auf dem Titelblatt neben Marlowe noch Thomas Nashe als Verfasser an: die nach den Umständen wahrscheinlichste Annahme ist die Vollendung eines von Marlowe hinterlassenen Fragments durch Nashe, so daß wir Marlowes Anteil nicht genau ermessen können.

Am kompliziertesten aber ist die Textsituation bei Marlowes berühmtestem Stück, dem „Doktor Faustus". Zunächst einmal machte bisher stets schon die Datierung Schwierigkeiten. Die Fakten sind diese:

1587 erscheint in Frankfurt am Main bei Johann Spies das

deutsche Volksbuch „Historia von D. Johann Fausten, dem weitbeschreyten Zauberer und Schwartzkünstler".
1592 erscheint in London eine englische Übersetzung dieses Volksbuchs. Wörtliche Anklänge beweisen, daß es die Quelle zu Marlowes Stück ist. Der erhaltene Druck dieser Übersetzung deklariert sich aber als „verbesserte Ausgabe", so daß eine frühere Ausgabe vorhanden gewesen sein muß, was bisher zur Vordatierung von Marlowes Stück den Weg frei gab. W. W. Greg hat jedoch in seinem Faustus-Buch von 1950[*] klargemacht, daß diese nicht erhaltene Erstausgabe des englischen Volksbuchs im Frühjahr 1592 herauskam, so daß eine ziemlich genaue Datierung des marloweschen Dramas jetzt möglich ist. Es muß zwischen dem Frühjahr 1592 und dem 30. Mai 1593 (Marlowes Todestag) entstanden sein.
Damit ist der „Doktor Faustus" eines der letzten Werke, nach den Umständen zu schließen sogar das letzte vollendete Drama Marlowes, was zu dem Fehlen von Aufführungsberichten aus Marlowes Lebzeiten (1593 großes Pestjahr mit Schließung der Theater Anfang Februar!) und zu der allgemein festgestellten entwickelten Verskunst gewisser berühmter Partien gut paßt. Auch die nach meiner Meinung noch nicht genug beachtete Nachbarschaft zum „Massaker von Paris" (Uraufführung: 30.1.1593) spricht für diese Datierung des „Faustus". In beiden Stücken des militant antipapistisch gesinnten Marlowe tritt nämlich ein Kardinal von Lothringen auf: im „Massaker" eine historische Figur, im „Faustus" fragt man sich, warum es in der Rom-Szene unbedingt der Lothringer sein muß, der da den Papst

---

[*] Marlowe's „Doctor Faustus" 1604-1616, Parallel Texts, edited by W. W. Greg, Oxford 1950, S. 1 ff.

besucht. Ferner ist im Eingangsmonolog des „Faustus" (Szene 1, Vers 7) ein Zitat des Aristotelesgegners Petrus Ramus festgestellt worden[*], einer Figur, die im Paris des „Massakers" in einer Sonderszene ums Leben kommt. Schließlich sprechen auch noch die ersten 5 Verse des Faustus-Prologs, die ernster genommen werden sollten als bisher, für eine späte Entstehungszeit: der Marsch der Karthager am Trasimenischen See, wovon das Original spricht (Hannibal-Drama), die Tändeleien der Liebe an Königshöfen, bis der Staat umstürzt (Eduard-Drama) und der Pomp von stolzen, kühnen Taten (Tamerlan) sollen es diesmal nicht sein, wie es heißt. „Doktor Faustus" ist demnach also, denn der zweite dieser Hinweise ist der interessante, *nach* dem „Eduard" entstanden, der bei vielen als Marlowes reifstes Werk gilt, wobei Reife hier wohl mit thematischer Shakespeare-Nähe verwechselt wird.

Diese späte Datierung des „Faustus" ist nicht ganz uninteressant im Hinblick auf die verworrene Textsituation. Doch zunächst die weiteren überlieferten Fakten:

30. September 1594: Erste belegte Aufführung des „Doktor Faustus", verzeichnet im Rechnungsbuch des Theaterfinanziers Henslowe (Admiralstruppe). Große Einnahme wie sonst nur bei Uraufführungen, doch nicht als solche gekennzeichnet (üblicher Vermerk: „ne" = new, d. h. neues Stück). Imposanter „run" des Stücks durch den Winter. Weitere vereinzelte Aufführungen bis 1597, wo die detaillierten Repertoire-Angaben des Rechnungsbuchs abbrechen.[**] Nebenbei: aus dem Jahr 1598 sind Listen mit Admiralstruppen-Eigentum

---

[*] Zuerst von A. W. Ward in seiner Faustus-Ausgabe 1878, 4. Aufl. 1901.
[**] Henslowe's Diary, ed. by R.A. Foakes and R.T.Rickert, 1961, S.24 ff.

erhalten, die Posten enthalten wie: „1 dragon in fostes" (1 Drache in Faustus = erste Erscheinung von Mephostophiles?); „the sittie of Rome" (die City von Rom = Rom-Prospekt?).

7. Januar 1601: Eintrag im Register der Londoner Buchhändlergilde „the plaie of Doctor Faustus" für den Verleger Thomas Bushell.*

22. November 1602: Henslowe zahlt laut Eintrag in seinem Rechnungsbuch 4 Pfund für „adicyones in docter fostes", also für Erweiterungen des Stücks, an William Bird und Samuel Rowley.**

1604. Aus diesem Jahr *erster erhaltener Druck* des Stücks: „The Tragicall History of D. Faustus". Verfasserangabe: *Ch. Marl.* Truppe, von der das Stück gespielt wurde: „Earl of Nottingham his servants" (da der Earl der Lord Admiral war, also die von Henslowe finanzierte Admiralstruppe). Verleger: Thomas Bushell (siehe 1601 Registereintrag). Einziges erhaltenes Exemplar in der Bodleiana in Oxford.

1609. Zweiter erhaltener Druck: „The Tragicall History of the horrible Life and death of Doctor Faustus". Neuauflage des Textes von 1604, nur mit einigen kleineren Setzfehlern. Verleger: John Wright. (Die Druckrechte sind also von Bushell an Wright übergegangen, darüber nachträglicher Eintrag im Buchhändlerregister am 13.9.1610.) 3 Exemplare erhalten. Eins davon befindet sich in der Staatsbibliothek Hamburg.

1611. Dritte Auflage dieses Textes. Titel wie 1609. Verleger: John Wright. 1 Exemplar erhalten.

---

* Edward Arber: A Transscript of the Registers of the Company of Stationers of London, 1554-1640. 5 Bände, 1875-94.
** Henslowe's Diary, S. 206.

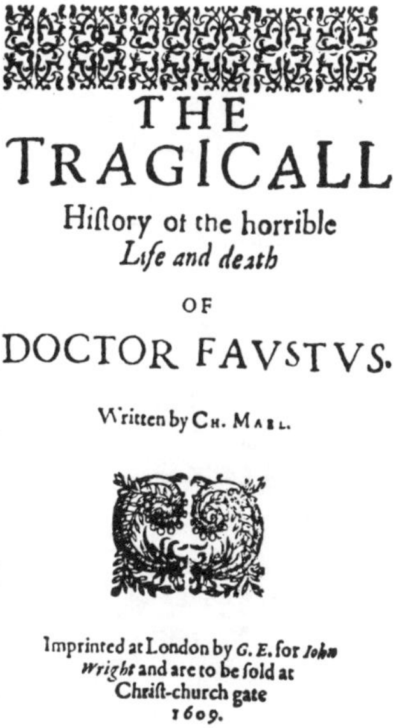

THE TRAGICALL Hiſtory ot the horrible *Life and death* OF DOCTOR FAVSTVS.

Written by Cн. Mаrl.

Imprinted at London by *G. E.* for *Iohn Wright* and are to be ſold at Chriſt-church gate 1609.

The Tragicall Hiſtory of the Life and Death of *Doctor Fauſtus*.

Written by *Ch. Mar.*

LONDON, Printed for *Iohn Wright*, and are to be ſold at his ſhop without Newgate, at the ſ[...] he But 1616

1616. Erstdruck einer *vermehrten Fassung.* Titel: „The Tragicall History of the Life and Death of Doctor Faustus". Verfasserangabe: *Ch. Mar.* Keine weiteren Verfasserangaben, obwohl der Text teilweise stark verändert und um mehr als ein Drittel vermehrt ist. Verleger: John Wright. Erstmaliger Druck des bekannten Holzschnitts auf der Titelseite, auf dem Faust den Teufel allerdings nicht in einem Hain, wie der Text vorschreibt, sondern in einem Zimmer beschwört. Einziges erhaltenes Exemplar im Britischen Museum in London.

1619. Zweite Auflage dieser Fassung, nur einige geringfügige Varianten einzelner Wörter. Zwischen Titel und Verfasserangabe (beide wie 1616) jedoch erstmals der Vermerk: *With new Additions.* Offensichtlich eine nachgeholte, 1616 vergessene Angabe. Einziges erhaltenes Exemplar in Privatbesitz in Baltimore.*

1620, 1624, 1628, 1631 weitere Auflagen dieser Fassung. Titelangaben wie 1619.

1663. Druck einer nochmals veränderten Fassung, mit Anleihen aus Marlowes „Jude von Malta", Papst-Szene durch Sultan-Szene ersetzt. Vermerk: „Wie es jetzt gespielt wird". Text ohne Autorität, was die Suche nach dem Original betrifft.

The Tragicall History of the Life and Death of Doctor FAVSTVS.

With new Additions.

Written by Ch. Mar.

Printed at London for John Wright, and are to be sold at his shop without Newgate, 1624.

Die alten Drucke sind also in zwei Gruppen zu teilen: die drei Ausgaben von 1604 bis 1611 (Text A) und die sechs Ausgaben von 1616 bis 1631 (Text B). Und hier konzentriert sich nun das Interesse auf die jeweils frühesten Drucke dieser beiden Fassungen, also auf die Ausgaben von *1604* und *1616*.

Um es gleich zu sagen: die heutige, höchst unbefriedigende Situation in der Anglistik ist so, daß man sich für eine „Rekonstruktion", nämlich einen Mischtext aus beiden Fassungen entschieden hat, wobei der textreichere B-Text die Grundlage liefert und der A-Text zu einigen wenigen, deutlich besseren Varianten herhalten muß. Diese ja auch bei einigen Stücken

---

*   Jetzt in der Princeton University Library.

Shakespeares praktizierte, äußerst fragwürdige Methode hat sich im Fall „Faustus" so ergeben:
Nach der Ignorierung Marlowes im 18. Jahrhundert wurde der Dichter zu Anfang des 19. Jahrhunderts wiederentdeckt. Aber man entdeckte zuerst den B-Text des „Faustus", der 1814 von Dilke herausgegeben wurde (nach diesem Text auch die erste deutsche Übersetzung 1818 von Wilhelm Müller). Nach der Entdeckung des A-Textes wurde dieser ab Mitte des 19. Jahrhunderts bis in die ersten Jahrzehnte des 20. Jahrhunderts favorisiert: die Ausgabe von Alexander Dyce 1850 druckt beide Texte mit Betonung des A-Textes, die Ausgabe von C. F. Tucker Brooke 1910 druckt nur noch den A-Text zusammenhängend und verbannt die Varianten und Ergänzungen des B-Textes in einen kleingedruckten Anhang. Vorbereitet durch die Ausgabe von F. S. Boas 1932, hat sich durch die Ausgabe von W. W. Greg 1950 wiederum eine völlige Kehrtwendung durchgesetzt: seit 1950 herrscht durch Greg wieder der B-Text, d.h. er wird als der originalnähere angesehen, man verfährt „rekonstruierend", d.h. mischend, wie oben angedeutet.
Der Hauptgrund für dieses Hin und Her ist die leider nicht zu leugnende Tatsache, daß mit *beiden* Texten etwas nicht stimmt. Der A-Text ist an zwei Stellen offensichtlich korrupt, und der B-Text „verbessert" die eine dieser Stellen auf höchst unlogische Weise und zeigt im übrigen durch seine Varianten und Erweiterungen starke Qualitätsschwankungen. Doch bevor ich auf diese inneren Tatsachen eingehe, hier zunächst eine Diskussion der äußeren Umstände anhand der eingangs gegebenen Fakten:
Die Hauptfrage ist natürlich, ob jene 1602 von Henslowe bezahlten Erweiterungen jene gedruckten Erweiterungen im B-Text von 1616 sind. Genau das hat man bis 1950 auch angenommen,

und es spricht ja auch alles dafür: es wird da eine große Summe für Ergänzungen des „Faustus" gezahlt (4 Pfund gegenüber einem üblichen Honorar von 6-10 Pfund für ein neues Stück), und 1616 finden wir dann umfangreiche Ergänzungen gegenüber der früher gedruckten Fassung. Diese Erweiterungen werden zwar nicht anläßlich der ersten, doch anläßlich der zweiten Auflage des B-Textes als „New Additions", also als neue Erweiterungen bezeichnet. Sie haben sich offenbar auf der Bühne bewährt, und der Verleger entschließt sich 1616, nicht mehr den knappen Originaltext, sondern die seit langem wirklich gespielte Fassung zu drucken. Von den beiden honorierten Bearbeitern ist ein Dramatiker William Bird unbekannt, aber es könnte der gleichnamige Musiker der Zeit sein: der B-Text selber mit seinen hinzugekommenen Musikvermerken in der Papst-, Kaiser- und neuen Engels-Szene gegen Schluß legt das nahe. Von Samuel Rowley, dem anderen genannten Bearbeiter, ist ein eigenes Stück erhalten, und selbst von den Verfechtern der B-Text-Überlegenheit wird zugegeben, daß der Sprachstil dieses Rowley-Stücks mit dem der „Faustus"-Ergänzungen von 1616 große Ähnlichkeiten hat.

Der 1604 von Bushell veröffentlichte A-Text muß dagegen diesem Verleger schon am 7. Januar 1601, also fast zwei Jahre vor den Zahlungen Henslowes, vorgelegen haben, da er an diesem Tag sein Copyright eintragen läßt. Daß hier größere Ergänzungen oder Erweiterungen zwischen 1601 und 1604 dazugekommen sein könnten, ist durch die relative Kürze dieses Textes außerordentlich unwahrscheinlich.

Es ist also so, daß die *äußeren* Umstände ganz massiv für die Priorität des A-Textes sprechen. Dieser A-Text ist aber auch durch seinen *inneren* Zustand trotz der zwei korrupten Stellen der einzige, der 1592/3 von Marlowe geschrieben sein kann, und nicht der unglücklich aufgeblähte B-Text (für den seine Verfechter dann auch die Hilfskonstruktion eines oder mehrerer Mitarbeiter einführen). Um diese inneren Unterschiede zwischen A- und B-Text nun einmal kurz anzugeben: sie bestehen hauptsächlich in 5 größeren Einschüben im B-Text. Die farcenhafte Papst-Szene wird zu einer pseudo-politischen Aktion erweitert, indem ein gefangener Gegenpapst Bruno eingeführt wird, für den Faustus Partei ergreift. Die Szene ist Geschichtsklitterung. Daß der Gegenpapst ausgerechnet Bruno heißt, halte ich trotz gegenteiliger Versicherungen der B-Text-Herolde angesichts der Jahreszahl 1602 unbedingt für eine Anspielung auf den Feuertod Giordano Brunos im Jahre 1600. Giordano Bruno hatte im protestantischen England gearbeitet, und eine solche Namensgebung ist bei den namensbesessenen elisabethanischen Dramatikern niemals ein Zufall. Die zweite Einfügung betrifft die Kaiser-Szene: hier wird die komische Nebenhandlung ausgewalzt und die Alexander-Erscheinung zu einer Kampfpantomime erweitert. Die dritte größere Einfügung besteht im Besuch des Roßhändlers, eines Fuhrmanns, der Clowns etc. im Wirtshaus und beim Herzog von Anhalt, wodurch sogar gewisse Wiederholungen unterlaufen (der Roßhändler erzählt seine Heubündel-Story zweimal), die vierte Einfügung besteht im nochmaligen Auftreten Luzifers und der Engel gegen Ende des Stücks, dazu Öffnung des Höllenrachens etc., die fünfte schließlich in einer kurzen Szene nach dem Tod Fausts, in der seine Gelehrtenfreunde ihn finden und bestatten wollen. Daneben sind einige kürzere Streichungen aus dem A-Text zu verzeichnen, Ersatz der meisten komischen Szenen durch (schwächere) Neufassungen und eine offensichtlich falsche Plazierung des ersten Wagnermonologs, der von Fausts Rom-Reise spricht, mitten in die Wittenberg-Diskussionen (er wird, da sein Text in erweiterter Form als „Chorus" nochmal vorkommt, von allen rekonstruierenden Editoren kurzweg gestrichen). All das zeigt, daß diese Erweiterungen in der Hauptsache nichts anderes als ein wenig einfältige Barockisierungen der A-Fassung sind, wie es dem neuen Zeitgeschmack entsprach, und ich wundere mich, wie sie ein Kenner des elisabethanischen Theaters wie Greg ernsthaft für aus den frühen 90er Jahren des 16. Jahrhunderts, aus der Marlowe-Zeit, halten konnte.

Die Textunterschiede zwischen den Partien, die dem A-Text entstammen, und den Erweiterungen im B-Text sind schon rein äußerlich in die Augen springend. Marlowe ist berühmt wegen seiner rollenden *Blank*verse, er benutzte im Gegensatz zu vielen seiner Kollegen äußerst selten den *Reim*. Im ganzen A- Text des Faustus finden wir außer den beiden gereimten Schlußversen des Epilogs tatsächlich nur zwei vereinzelte Stellen mit je zwei Reimen: erstens ziemlich genau in der Mitte der 3. Szene, nämlich beim Vertragsabschluß; zweitens gegen Schluß der Papst-Szene, und dort sind es nicht jambische Verse, sonder vier Knittelverse, die gereimt werden, um einen gewissen drastischen Effekt zu erzielen. Nun sei hier dagegen die Nahtstelle der ersten großen Einfügung im B-Text original zitiert:

Fau. Now, by the kingdoms of infernal rule,	1
Of Styx, of Acheron, and the fiery lake	2
Of ever-burning Phlegethon, I swear	3
That I do long to see the monuments	4
And situation of bright-splendent Rome.	5
Come, therefore, let's away.	6

Meph. Nay, stay, my Faustus: I know you'd see the Pope   7
    And take some part of holy Peter's feast,   8
    The which this day with high solemni*ty*   9
    This day is held through Rome and Ita*ly*   10
    In honour of the Pope's triumphant victo*ry*.   11
Fau. Sweet Mephostophilis, thou pleasest *me*:   12
    Whilst I am here on earth let me be cloy'd   13
    With all things that delight the heart of man.   14
    My four-and-twenty years of liber*ty*   15
    I'll spend in pleasure and in dalliance,   16
    That Faustus' name, whilst this bright frame doth *stand*   17
    May be admired through the furthest *land*.   18
Meph. 'Tis well said, Faustus; come, then, stand by *me*   19
    And thou shalt see them come immediate*ly*.   20

Mit Vers 9 beginnt die Einfügung. Ich meine, es ist überdeutlich. Die Reime sind, wie man sieht, dazu noch besonders unoriginell, und in dem Stil geht es mit der Reimerei in der hier ergänzten Szene weiter.

Um ein letztes kleines, aber hübsches Argument gegen jedwede Autorität des B-Textes anzuführen: in der 1. Szene des Stücks spricht Valdes von dem goldenen Vlies aus Amerika, das jährlich des alten Philipp Schatz fülle (womit natürlich die spanischen Goldflotten gemeint sind).

Der A-Text hat:
    That yearly *stuffs* old Philip's treasury.
Der B-Text hat:
    That yearly *stuff'd* old Philip's treasury.

Philipp II. von Spanien starb 1598, daher die Vergangenheitsform im B-Text (geschrieben 1602). Im A-Text (geschrieben 1592/3) dagegen die Präsensform. Damit aber genug der Beweise für die Priorität des A-Textes: sie sind erdrückend.

Der Leser wird fragen: warum dann aber seit 20 Jahren wieder eine Hausse des B-Textes? Der Hauptgrund ist zweifellos die Hilflosigkeit der Editoren vor der gleichfalls leicht korrumpierten Überlieferung des A-Textes. Dazu komme ich gleich. Der B-Text hat, wenn ihn auch noch so viele äußere und innere Gründe disqualifizieren, eine scheinbare Überlegenheit im Theatralischen, und außerdem und hauptsächlich hat er einfach mehr Text, und das ist für Editoren immer eine große Versuchung. Um aber ernsthaft zu sein: es gibt auch ein paar kleine Argumente, die auf den ersten Blick gegen eine Priorität des A-Textes zu sprechen scheinen. Es sind hauptsächlich diese zwei:

1) In dem anonymen Stück „The Taming of *a* Shrew" (Druck 1594) sind „Faustus"-Zitate enthalten. Die Zitate gleichen in der Wortwahl zweimal mehr dem B-Text als dem A-Text der betreffenden Stelle. Schluß: der B-Text, nicht der A- Text, muß vor 1594 vorhanden gewesen sein. Zwingender Schluß? Könnten die Bearbeiter von 1602 jenes anonyme Stück von 1594 (das übrigens gar nicht so anonym ist, wie nächstens gezeigt werden soll) und seine abgewandelten A-Text-Zitate nicht gekannt und ihrerseits benutzt haben? Vielleicht gefielen ihnen die Variationen dort besser (es handelt sich sowieso nur um den Austausch von ein, zwei Worten).

2) In der Roßhändler-Szene des A-Textes (und nur hier) fällt der Name des Doktor Lopez. Es war der Leibarzt von Königin Elisabeth, ein getaufter Jude portugiesischer Abstammung, der am 1. Januar 1594 (also nach Marlowes Tod) verhaftet, in

einen Hochverratsprozeß verwickelt, schließlich der Absicht der Vergiftung der Königin angeklagt und im Juni 1594 (höchstwahrscheinlich unschuldig) hingerichtet wurde. Die Affäre machte großes Aufsehen. Schluß: die Stelle im A-Text kann nicht von Marlowe stammen, der zur Zeit dieser Affäre bereits tot war; also hat der B-Text, wo diese Stelle fehlt, hier Priorität. Zwingender Schluß? Auf den ersten Blick: ja. Ich wollte schon aufstecken und zugeben, daß wenigstens dieser eine Satz im A-Text nicht von Marlowe stammen könne und wir hier eine nachträgliche Einfügung aus Aktualitätsgründen annehmen müssen. Doch dann las ich in einigen Büchern über die Zeit von der grundsätzlichen Berühmtheit des Doktor Lopez seit seiner Position als Leibarzt der Königin: er war eben der „erste" Arzt der Hauptstadt, und als Ausländer dazu durchaus ein wenig beneidet. Er wurde z. B. in einer Schmähschrift gegen Leicester als Giftmischer denunziert.[*] Was bleibt angesichts dieser Lage von der Schlüssigkeit des Einwands gegen die A-Text-Stelle noch übrig? Marlowe hat 1592 auf den berühmten, nicht den gefangenen oder gehenkten Doktor Lopez angespielt, und das Fehlen des Namens im B-Text ist einfach ein Zeichen dafür, daß 1602 weder vom praktizierenden, berühmten, noch vom gefangenen, hingerichteten Doktor Lopez mehr geredet wurde.
Damit aber sei die Diskussion „A-Text oder B-Text" beendet, ich wende mich nun dem A-Text, dem Erstdruck von 1604, als dem einzig interessanten und „originalverdächtigen" zu.

---

[*] Lytton Strachey: Elisabeth und Essex, 1929, S. 79 (Strachey ist, ungeachtet seiner farbigen Erzählweise, in solchen Fakten sehr genau).

II

Die alten elisabethanischen Dramen-Quartos sind bekanntlich meistens als homogene, fortlaufende Texte ohne Einteilungen irgendwelcher Art gedruckt: so auch unsere Quarto. Den Texten eigene, innere Einteilungen sind natürlich immer vorhanden, und es ist daher die Aufgabe jedes modernen Herausgebers, die jeweils spezifische, vom Autor zugrundegelegte Einteilung des betreffenden Stücks herauszufinden. Der A-Text, wie er sich uns auf den ersten Blick im Druck von 1604 darbietet, scheint folgendermaßen gegliedert:

<u>Chorus</u>		(1 Seite)
(1)	Fausts Monolog und Adeptengespräch	(6 1/2 Seiten)
(2)	Zwei Gelehrte befragen Wagner	(2 Seiten)
(3)	Faust beschwört Mephostophiles	(4 1/2 Seiten)
(4)	Wagner engagiert einen Clown	(3 Seiten)
(5)	Der Pakt. Diskussionen. Die Todsünden-Show	(14 Seiten)
(6)	Wagner über Fausts Reisen	(1/2 Seite)
(7)	Faust beim Papst in Rom	(4 1/2 Seiten)
<u>Chorus</u>		(1/2 Seite)
(8)	Clown Robbi und Rudi mit Zauberbuch	(1 1/2 Seiten)
(9)	Die Clowns mit dem gestohlenen Becher	(2 Seiten)
(10)	Faust beim Kaiser	(4 1/2 Seiten)
(11)	Ein Stück zu Fuß durchs Grüne	(1/2 Seite)
(12)	Ein Roßhändler wird geprellt	(4 Seiten)
(13)	Faust beim Herzog von Anhalt	(1 1/2 Seiten)
(14)	Wagner über Fausts Todesgedanken	(1/2 Seite)
(15)	Faust beschwört Helena	(4 Seiten)
(16)	Ein alter Mann ist immun gegen Teufel	(1/2 Seite)
(17)	Fausts Geständnis und Ende	(5 Seiten)
<u>Chorus</u>		(1/2 Seite)

Daß in diesem Text von 1604 bisher noch nicht das lediglich etwas „verrutschte" Original entdeckt wurde, liegt an der Unterschätzung von Strukturproblemen. Zunächst zeigt unser Schema durch die Chorus-Auftritte eine deutliche Zweiteilung des Stücks, und es müßte doch mit dem Teufel zugehen, wenn diese Zweiteilung nichts mit der Pausenplazierung, also einem bewußt auf Pausenwirkung geschriebenen Szenenschluß und einem ebenso kalkulierten neuen Auftakt nach der Pause zu tun hätte.
Wenn wir nun aber den eingangs erwähnten Korruptionen, nämlich gewissen Widersprüchen im Text unsere Aufmerksamkeit zuwenden, so befriedigt unsere Textgliederung nicht. Da ist zunächst die auffallend lange Szene 5, die ziemlich genau in der Mitte einen abrupten Übergang Fausts von emsigem Studium und völliger Zufriedenheit mit Mephostophiles zu plötzlicher Beschimpfung seines dienenden Geistes verzeichnet. An dieser Stelle, nach dem Studium der drei Bücher durch Faust, muß ein Einschnitt gedacht sein, den einige Herausgeber (z.B. Tucker Brooke) auch schon markiert haben, zumal hier sogar der B-Text einen zusätzlichen Fingerzeig gibt, der nämlich genau diesen Einschnitt auch schon macht, nur ihn mit dem offensichtlich falsch, nämlich zu früh plazierten Wagner-Monolog ausfüllt (Bericht über Rom-Reise Fausts, textlich sogar später vom Chorus wiederholt). Der Einschnitt selber jedoch ist logisch und nötig. Wir halten also fest: Szene 5 ist in zwei Teile zu teilen.
Weiter fällt auf, daß an der Nahtstelle von Szene 8 und 9 etwas nicht stimmen kann. Es berührt jedenfalls merkwürdig, daß die Clowns, die Ende Szene 8 abgehen, im homogen fortlaufenden Text dann Anfang Szene 9 sofort beide wieder auftreten: warum gehen sie dann erst ab? Die Bühnenanweisungen „exeunt" und danach sofort „enter" stehen aber da, und 8 und 9 sind auch dem

Sinn nach nicht etwa zusammenhängend, sondern durchaus zwei getrennte Szenen. Wir halten also fest: mit den beiden Clown-Szenen 8 und 9 stimmt was nicht.

Wegen Undurchsichtigkeit stellen wir nun die ganze Gliederung in Frage. Es erweist sich, daß das schlichte und sonst bei den frühen Elisabethanern fast immer richtige Schema

>   1. Szene
>   2. Szene
>   3. Szene
>   usw.

hier nicht weitergeführt. Noch schlimmer wäre es in unserem Fall allerdings, dem Text darüber hinaus das konventionelle 5-Akte-Kleid überwerfen zu wollen, wie es fast sämtliche neueren Herausgeber (des Mischtextes) tun: das führt zu kompletter Konfusion. Dabei sind die Fingerzeige für eine ebenfalls einfache, nur eben etwas andere Gliederung eigentlich ganz deutlich. Wir haben (nach dem Prolog) zunächst eine große Hauptszene (1) und danach eine kommentierende, teilweise komische Kurzszene (2); dann die zweite Hauptszene (3) und wieder eine kürzere Nachszene (4), diesmal stark komisch und wieder die vorangegangene Hauptszene kommentierend, hier sogar parodierend (Engagement eines Dieners). Und wir finden auch weiter im Stücktext diese Art von überleitender, dazwischengeschobener Kurzszene oder gar Kurzauftritt einer Einzelfigur, so daß der Gedanke naheliegt, einmal zu prüfen, ob nicht das ganze Stück konsequent nach dem Schema

>   1. Szene
>   Zwischenspiel
>   2. Szene
>   Zwischenspiel
>   usw.

aufgebaut ist. Eine Untersuchung des A-Textes in dieser Hinsicht, einschließlich der oben diskutierten Aufspaltung von Szene 5, ergibt folgendes Bild (Z = Zwischenspiel):

Chorus		(1 Seite)
(1)	Fausts Monolog und Adeptengespräch	(6 1/2 Seiten)
Z	Zwei Gelehrte befragen Wagner	(2 Seiten)
(2)	Faust beschwört Mephostophiles	(4 1/2 Seiten)
Z	Wagner engagiert einen Clown	(3 Seiten)
(3)	Der Pakt. Diskussionen. Bücher	(7 Seiten)
(4)	Weitere Diskussionen. Die Todsünden-Show	(7 Seiten)
Z	Wagner über Fausts Reisen	(1/2 Seite)
(5)	Faust beim Papst in Rom	(4 1/2 Seiten)
Chorus		(1/2 Seite)
Z	Clown Robbi und Rudi mit Zauberbuch	(1 1/2 Seiten)
Z	Die Clowns mit dem gestohlenen Becher	(2 Seiten)
(6)	Faust beim Kaiser	(4 1/2 Seiten)
Z	Ein Stück zu Fuß durchs Grüne	(1/2 Seite)
(7)	Ein Roßhändler wird geprellt	(4 Seiten)
(8)	Faust beim Herzog von Anhalt	(1 1/2 Seiten)
Z	Wagner über Fausts Todesgedanken	(1/2 Seite)
(9)	Faust beschwört Helena	(4 Seiten)
Z	Ein alter Mann ist immun gegen Teufel	(1/2 Seite)
(10)	Fausts Geständnis und Ende	(5 Seiten)
Chorus		(1/2 Seite)

Wie man sieht, entspricht der Text ziemlich weitgehend diesem vermuteten Schema, besonders schön am Anfang und am Ende. An drei Stellen im mittleren Teil tauchen jedoch Unregelmäßigkeiten auf: zwischen Szene 3 und 4 fehlt ein Zwischenspiel, vor Szene 6 stehen zwei Zwischenspiele hintereinander, zwischen Szene 7 und 8 fehlt anscheinend wiederum ein Zwischenspiel. Überraschenderweise stimmen die ersten beiden dieser rein formalen Unregelmäßigkeiten genau mit den von allen Herausgebern festgestellten und vorhin erwähnten korrumpierten Stellen unseres Textes überein: das „Loch" in den Wittenberg-Diskussionen sowie die merkwürdige Aufeinanderfolge der Clown-Szenen vor Szene 6.

Nun ist es eine alte Kriminalisten-Weisheit, daß in einer dunklen Angelegenheit, tauchen in ihr zwei scheinbar voneinander unabhängige Merkwürdigkeiten auf, diese Merkwürdigkeiten meist miteinander zusammenhängen und eine Aufhellung des Falles in dieser Richtung, nämlich durch Aufspüren des in Frage stehenden Zusammenhanges, zu suchen ist.

Schauen wir uns also die erste der beiden A-Text-Stellen, die als korrupt gelten, genau an. Szene 3 endet mit zwei Ereignissen: Faustus bekommt von Mephostophiles das gewünschte Eheweib zur Befriedigung seiner Lüsternheit, und er bekommt drei Bücher zur Befriedigung seines Wissensdurstes. Faustus und Mephostophiles studieren unmittelbar am Schluß die Bücher. Dann kommt das „Loch" im Text. Wenn wir nun im Anschluß an diese Szene ein Zwischenspiel ansetzen wollten, so müßte es irgendwie mit dem Wunsch nach Frauen und dem Wunsch nach Büchern zusammenhängen.

Nun zur zweiten korrupten Stelle, zu den beiden Zwischenspielen vor Szene 6. Was für ein Zufall: die erste der beiden Clown-Szenen handelt genau von einem gestohlenen Zauberbuch, mit dem der Clown Robbi nackte Mädchen zaubern und seinem Kumpan Rudi die Küchenmagd besorgen will. Nichts würde uns also mehr zupaß kommen als ein Transport dieser Clown-Szene zwischen die Szenen 3 und 4. Ist das erlaubt? Sehen wir uns die Umgebung dieser zweiten korrupten Stelle deswegen einmal genauer an. Vor den beiden Clown-Szenen steht der mittlere „Chorus", der von der Heimkehr Fausts berichtet und am Schluß darauf hinweist, daß Faust nun am Kaiserhof ist und wir ihn jetzt dort zu sehen bekommen. Dann bekommen wir ihn aber nicht zu sehen, sondern es kommen erst die beiden in der Luft hängenden Clown-Szenen, und dann erst die Kaiser-Szene. Um also diese zweite Stelle von ihrer Korruption zu befreien, müßten die beiden Clown-Szenen fort — und woanders fehlen sie! Es ist also wohl nicht nur erlaubt, für diese beiden Szenen einen neuen Platz zu suchen, sondern geradezu die Pflicht eines gewissenhaften Herausgebers.

Und das wollen wir dann auch tun. Wir setzen die erste der beiden Clown-Szenen, die vor Szene 6 stehen, als *Zwischenspiel zwischen Szene 3 und 4*. Wir gewinnen zusätzlich sogar den Vorteil, daß die „Herrin", von der die beiden Diener sprechen, nun eine Erklärung erhält: es ist das, wenn auch nur kurzfristige, „Eheweib" Fausts. Und im übrigen parodiert nun die Szene nach dem Muster des Vorangegangenen die davorliegende Hauptszene. Wohin jetzt aber mit der zweiten Clown-Szene, die vor Szene 6 steht? Schön wär's, wenn wir sie zwischen Szene 7 und 8 plazieren könnten, formal wären wir dann völlig im reinen. Die Szene handelt hauptsächlich von einem geklauten silbernen Becher, den die Clowns vor einem Schankwirt verschwinden lassen. Bei einer Plazierung zwischen Szene 7 und 8 ist aber kein Zusammenhang, keine Korrespondenz der Szene mit ihrer Umgebung, weder mit Vorangehendem noch mit Daraufffolgendem, zu entdecken. Eine Hauptszene, wo mit einem Trinkgefäß hantiert wird, wo ein solches sogar auch weggenommen wird, ist jedoch die Papst-Szene. Und wenn wir ganz genau hinsehen, so fehlt der Papst-Szene ja auch wirklich noch das Nachspiel in unserem Schema, und wir hätten außerdem mit unserer Clown-

Szene einen fabelhaften Pausenschluß. Ein Seitenblick auf den B-Text, der zwar ohne Autorität für uns ist, informiert uns immerhin, daß die Bearbeiter von 1602 mit dieser zweiten Clown-Szene (die sie umgearbeitet haben) dieselbe Verpflanzung vorgenommen haben, vielleicht ihrer vagen Erinnerung folgend: wie es in die Pause ging, wußten sie vielleicht noch. Somit setzen wir die zweite der beiden falsch plazierten Clown-Szenen als *Nachspiel zu Szene 5*.

Mit diesen zwei kleinen Operationen haben wir nun aber die zwei bewußten korrupten Stellen des Textes vollkommen ausgebügelt, und auch unser vermutetes formales Schema läßt an diesen Stellen nichts mehr zu wünschen übrig. Die Clown-Szenen sind untergebracht, und auf den mittleren Chorus mit der Ankündigung der Kaiser-Szene folgt nun diese Kaiser-Szene auf dem Fuß. Es bleibt die kleine Unregelmäßigkeit, daß zwischen Szene 7 und 8 kein Zwischenspiel steht. An sich eine unwichtige, gegenüber den bisher behandelten Stellen eine rein formale Sache, die Szenenabfolge stimmt hier. Erst ziemlich spät kam ich drauf, daß an dieser Stelle die genau umgekehrte Intention angebracht ist: nicht Trennung (durch ein Zwischenspiel), sondern Zusammenziehung (zu einer Szene). Neben dem formalen Aspekt sprechen dafür folgende Gründe: erstens die Original-Bühnenanweisung, wo es am Schluß von Szene 7 zwar „Exeunt", dann aber sofort „Enter *to them* the Duke, and the Duchess, the Duke speaks" heißt, so daß hier ein zügiger Übergang zu denken ist, Faust ist eben im Nu durch die Luft beim Herzog; zweitens der „Schwank", der den Herzog am Beginn von Szene 8 so amüsiert hat und den die bisherigen Herausgeber nicht so recht zu erklären wissen (ihre Vermutung: etwas ist gestrichen), der aber nichts anderes als der Pferde-

Schwank von Szene 7 ist, den Faust gerade erzählt hat und der für Frauen, wie er da annimmt, nicht so recht etwas ist; drittens die Einsicht, daß, so wie in der Kaiser-Szene, die wohlwollenden und attackierenden Seiten von Fausts Zauberkunst nun in einer zusammengefaßten Szene vorgeführt werden, was einen Zug zu mehr Komplexität bedeutet, und daß Szene 7 und 8 zusammen nun auch die normale Länge einer Hauptszene erreichen würden: es wird nach der Rom-Szene und nach der Kaiser-Szene jetzt eben ein Ausschnitt aus Fausts Treiben in seiner engeren anhaltinischen Heimat gezeigt. Es ist also sinnvoll, statt Szene 7 und 8 hier Szene 7 a und b zu schreiben. Damit haben wir jetzt aber folgendes Bild:

<u>Chorus</u>		(1 Seite)
(1)	Fausts Monolog und Adeptengespräch	(6 1/2 Seiten)
Z	Zwei Gelehrte befragen Wagner	(2 Seiten)
(2)	Faust beschwört Mephostophiles	(4 1/2 Seiten)
Z	Wagner engagiert einen Clown	(3 Seiten)
(3)	Der Pakt. Diskussionen. Bücher	(7 Seiten)
Z	Clown Robbi und Rudi mit Zauberbuch	(1 1/2 Seiten)
(4)	Weitere Diskussionen. Die Todsünden-Show	(7 Seiten)
Z	Wagner über Fausts Reisen	(1/2 Seite)
(5)	Faust beim Papst in Rom	(4 1/2 Seiten)
Z	Die Clowns mit dem gestohlenen Becher	(2 Seiten)
<u>Chorus</u>		(1/2 Seite)
(6)	Faust beim Kaiser	(4 1/2 Seiten)
Z	Ein Stück zu Fuß durchs Grüne	(1/2 Seite)
(7)	(a) Roßhändler (b) Herzog von Anhalt	(5 1/2 Seiten)
Z	Wagner über Fausts Todesgedanken	(1/2 Seite)
(8)	Faust beschwört Helena	(4 Seiten)
Z	Ein alter Mann ist immun gegen Teufel	(1/2 Seite)
(9)	Fausts Geständnis und Ende	(5 Seiten)
<u>Chorus</u>		(1/2 Seite)

Diese Gliederung findet der Leser im Text meiner Übersetzung wieder. Sie hat sogar so etwas deutlich gemacht, was man einen „goldenen Schnitt" für das Theater nennen könnte, nämlich einen Pauseneinschnitt nach etwa 3/5 des Textes, der der beste ist, wie jeder Kenner weiß und wie es auch die gewitzten Burschen jener großen Zeit des Theaters in England gewußt haben werden.

Einer Überlegung wert ist allerdings noch die Frage, wie es zu dieser „Verrutschung" der zwei Zwischenspiele kommen konnte. Es ist gut, wenn wir uns dabei der eingangs diskutierten späten Entstehung des „Doktor Faustus" innerhalb von Marlowes Produktion erinnern: die überlieferten Fakten machen es höchstwahrscheinlich, daß der jung ums Leben gekommene Verfasser nicht nur keinen Druck, sondern auch keine Aufführung seines heute berühmtesten Stücks mehr erlebt hat. Das erste Zeugnis für eine Druck-Vorbereitung haben wir sogar erst aus dem Januar 1601, also aus einer Zeit gut 7 1/2 Jahre nach seinem Tod. Jeder, der einmal eins der wenigen erhaltenen elisabethanischen Dramenmanuskripte gesehen hat, weiß, es handelt sich meist um einen Stoß loser Blätter im Folio-Format, die möglichst eng beschrieben sind, denn Papier war knapp. Solche Blätter aber können durcheinander geraten. Und wenn wir uns nun vorstellen, wie der Drucker, der die Struktur des Stücks vielleicht nicht so ganz erfaßt hat, in solch einen Stoß durcheinandergeratener Blätter wieder Ordnung zu bringen versucht, und uns dann noch einmal die korrupten Stellen des Stücks anschauen, so kommen wir zu einer ziemlich einfachen Erklärung jener den Text korrumpierenden Szenenabfolge von 1604. Angenommen, Szene 3 (nach unserem letzten Schema) endete ganz unten auf einer Seite. Faustus und Mephostophiles sitzen über ihren Büchern und „turn to them" (wenden sich ihnen zu), wie es dort heißt. Der Drucker, den Szenenschluß nicht begreifend, suchte nun nach einer Manuskriptseite, die mit dem Gespräch zwischen Faustus und Mephostophiles fortfuhr. Er fand sie im Beginn von Szene 4 und druckte ohne Unterbrechung weiter. So mußte ihm schließlich die zwischen Szene 3 und 4 liegende Clown-Szene übrigbleiben, die er mit jenem anderen Zwischenspiel, an dessen Beginn ebenfalls nur die beiden Clowns miteinander reden, zusammentat und dann irgendwo und so natürlich an falschem Platz druckte. So, meine ich, könnte es gewesen sein.

Zum Abschluß muß hier noch Rechenschaft abgelegt werden über das Fortlassen von 15 Zeilen (im Originaldruck) am Ende der zweiten jener in Rede stehenden Clown-Szenen, also eines kleinen Textstücks unmittelbar vor der Pause. Ich halte diese 15 Zeilen für einen Alternativschluß zu dieser Szene, der nicht von Marlowe stammt. Bevor ich meine Gründe gebe, seien jene 15 Zeilen zunächst einmal im Original hergesetzt:

> Monarch of hell, under whose black survey
> Great potentates do kneel with awful fear,
> Upon whose altars thousand souls do lie,
> How am I vexed with these villains' charms?
> From Constantinople am I hither come,
> Only for pleasure of these damned slaves.
>
> *Rob.* How, from Constantinople? you have had a great journey, will you take sixpence in your purse to pay for your supper and be gone?
>
> *Meph.* Well, villains, for your presumption, I transform thee into an ape, and thee into a dog, and so be gone! (Exit.)

Rob. How, into an ape? that's brave, I'll have fine sport with the boys, I'll get nuts and apples enow.
Rafe. And I must be a dog.
Rob. I' faith, thy head will never be out of the pottage-pot.
(Exeunt.)

Diese 15 Zeilen sind also im A-Text der letzten von mir übersetzten Replik von Mephostophiles am Ende der Silberbecher-Clownszene angefügt. Merkwürdig ist schon rein satztechnisch der Übergang, die Nahtstelle zwischen jener Prosa-Replik und dem Vers-Beginn unserer 15 Zeilen. Das sieht im Originaldruck so aus:

Meph. Vanish, villains, th'one like an ape, another like a bear, the third an ass, for doing this enterprise.
Monarch of hell, under whose black survey
Great potentates do kneel with awful fear,
Upon whose altars...

Der erste der Verse ist also etwas eingerückt, als ob irgendein Einschnitt markiert werden solle. Wichtiger ist aber, daß ein inhaltlicher Widerspruch auffällt, nämlich eine Wiederholung der Verzauberung der Clowns durch Mephostophiles: zuerst hatte er die drei (einschließlich Schankwirt) in Affe, Bär und Esel verwandelt, in der 11. der 15 Zeilen verwandelt er sie (jetzt offenbar ohne Schankwirt) nochmal in Affe und Hund. Das hatte frühere Editoren (Dyce, Tucker Brooke) dazu verführt, die zwei Zeilen mit der ersten Verzauberung einfach zu streichen. Damit beseitigten sie aber nicht einen zweiten Widerspruch, nämlich daß die Clowns zunächst fürchterliche Angst haben (siehe Übersetzung kurz vor der Pause), dann aber plötzlich ziemlich keß sind und schwache Witze reißen. Es bleibt so eigentlich nur die

Einsicht übrig, daß wir es hier mit zwei verschiedenen Schlüssen der Szene zu tun haben, worauf neuere Editoren auch schon hingewiesen haben (John D. Jump 1962, der allerdings, wie alle heute, den B-Text favorisiert und unser kleines Problem daher kurz im Anhang diskutiert).
Folgende Gründe aber sprechen gegen die marlowesche Autorschaft dieses 15-zeiligen Alternativschlusses: erstens, daß entgegen den sonst streng durchgehaltenen Formprinzipien hier in einer Clown-Szene Blankverse auftauchen; zweitens, daß durch einen solchen Monolog von Mephostophiles die schöne Hauruck-Komik dieser Szenen aufgehalten und die Szene viel zu lang wird, wo hier alles auf einen zügigen Pausenschluß zusteuert; drittens, daß die ärgerliche Feststellung von Mephostophiles, er habe wegen dieser Kerle extra aus Konstantinopel kommen müssen, so hübsch sie auf den ersten Blick auch sein mag, der Erklärung von Mephostophiles aus der 2. Szene des Stücks, wie das mit dem Beschwören funktioniert, widerspricht (siehe Übersetzung Seite 92). Danach werden Teufel nämlich von solchen Beschwörungsformeln nicht gezwungen zu kommen, sondern sie kommen nur, wenn sie es für sinnvoll halten.
Dieser kleine Widerspruch in der „Beschwörungstechnik" ist bisher auch hin und wieder als Einwand gegen die Authentizität des A-Textes (*und* des B-Textes, der ihn übernimmt) benutzt worden: mit einem solchen, oben begründeten „Rausschmiß" der 15 Zeilen ist die Sache aber vollkommen bereinigt. Es ist auch wieder sehr leicht einsehbar, wie ein solcher Alternativschluß von fremder Hand nötig geworden sein könnte: vielleicht hat beim Originalschluß, der zügiger und viel besser ist, einfach nur die Sache mit den Feuerwerkskörpern nicht geklappt, oder ist verboten worden, und da mußte dann schnell ein neuer

Schluß her, bei dem Mephostophiles statt mit seinen Feuerspielchen mit einer Schimpfkanonade auftritt: „Monarch of hell...!"
Und dieser neue Schluß ist dann mit ins Manuskript geraten. (Die angebliche Fälschung in „Henslowe's Diary", wo am 20. Dezember 1597 an Thomas Dekker die relativ geringe Summe von 20 Shilling für „adycyons to ffostus" gezahlt wird, sollte man sich im Hinblick auf diese 15 Zeilen noch einmal sehr genau anschauen! Die Behauptung von einer hier vorliegenden Fälschung stammt wiederum von Greg, der sie 1908 in seiner Henslowe-Ausgabe aufstellte, und zwar ohne Angabe von Gründen. Es ist nicht einsehbar, wer ein Interesse an solch einer Fälschung gehabt haben sollte. Das heißt: ich halte unsere 15 Zeilen für genau jene kleine dekkersche Zutat von 1597. Auch preislich kommt das hin: Henslowe zahlt daneben nämlich noch 5 Shilling für einen neuen „Tamerlan"-Prolog, der im Original 8 Zeilen hat; 20 Shilling für einen 15 zeiligen Dialog als neuen Szenenschluß wären demnach in etwa angemessen.)
Ich fasse zusammen und komme zu folgendem Ergebnis: eine neue, einfache, nur etwas *andere Gliederung des Textes* sowie eine sich aus der Sache ergebende, logische *Neuplazierung von zwei Clown-Szenen* unter *Fortlassung eines offensichtlich unauthentischen Alternativschlusses* einer dieser Szenen führen zu einem vollkommen heilen, schönen, starken Text des marloweschen „Doktor Faustus". Erinnern wir uns dazu der erdrückenden äußeren Beweise für die Priorität dieses A-Textes, so ist es wohl keine Vermessenheit zu behaupten, daß hiermit zum ersten Mal nach der Aufführungsserie von 1594-97 wieder das *Original* dieses berühmten Stücks präsentiert werden kann.

III

Marlowes „Doktor Faustus" liegt, soweit ich sehe, bisher in fünf, wenn man will sechs deutschen Fassungen vor. Die Übersetzer sind:

Wilhelm Müller (1818)
Adolf Böttger (1857)
Friedrich Bodenstedt (1860)
Alfred van der Velde (1870, bearbeitet von Klaus Udo Szudra 1964)
Adolf Seebass (1949, Reclam-Ausgabe 1964)

Davon bieten die ersten vier den B-Text, unter Auslassung des dort klar falsch plazierten ersten Wagner-Monologs; die Seebass-Fassung besteht aus dem A-Text, der mit einigen B-Text-Szenen gemischt wurde; und die Szudra-Bearbeitung van der Veldes orientiert sich an den momentanen englischen „Rekonstruktionen", gibt also den B-Text mit einigen A-Text-Anleihen.

Daß Marlowe, der genialische Gleichaltrige aus Shakespeares Jugend, einen „Doktor Faustus" geschrieben hat, lernt man auf der Schule. Jeder aber, der irgendwann einmal einen Blick in eine der deutschen Fassungen des Stücks, wie sie bis jetzt vorlagen, getan hat, wird vielleicht ähnlich reagiert haben wie zunächst auch ich: man wandte sich achselzuckend wieder ab. Die Klagen der Literaturkritiker über die mangelnde dramaturgische Struktur des Stücks schienen einem nur allzu berechtigt. Goethe hat sich vornehm ausgedrückt, als er im Alter die müllersche Übersetzung las: „How greatly is it all planned!" Er gab sein Urteil nicht über ein Stück von Marlowe, sondern über eine deutsche Fassung der rowleyschen Bearbeitung des marloweschen „Doktor Faustus" ab.

Zum Stück selber will ich nicht allzu viel sagen, nur einigen vielleicht möglichen Mißverständnissen vorbeugen und ein paar kleine Entdeckungen und Überlieferungen mitteilen. Natürlich entstammt das Stück der naiven, aufbrechenden Frühzeit einer Theaterepoche, sozusagen dem elisabethanischen Sturm und Drang, und es ist von einem 28-29jährigen Autor geschrieben worden. All das macht andererseits einen großen Teil seiner besonderen Reize aus. Für eine völlige Fehleinschätzung halte ich nur die hin und wieder zu lesende Meinung, es sei im Gegensatz zu Marlowes authentisch überliefertem Atheismus eigentlich noch erstaunlich weit in mittelalterlichen Vorstellungen befangen. Ich meine, daß der ironische Geist des Dichters, der über dem Ganzen schwebt und der bis in die letzten 3 Zeilen des Epilogs reicht, doch schwerlich zu übersehen ist. Marlowe hat die christliche Mythologie kaum anders benutzt als die antik-klassische, nämlich als poetisches Vehikel der Dinge, die er zu sagen hatte. Und das waren hier in der Hauptsache die großen Sehnsüchte der Epoche, gesteigert durch die Sensibilität und Phantasie eines die Renaissance der Zeit besonderes stark empfindenden Individuums, das die Kühnheit aufbrachte, die Begegnung seines spätmittelalterlichen Dramenhelden mit der Inkarnation klassischen Griechentums, denn nichts anderes stellt der Helena-Auftritt dar, in den glühendsten Farben zu malen.

Wenn das Stück auf den ersten Blick auch nur so etwas wie „klassische Science Fiction" zu sein scheint — ich meine, es gibt beim zweiten und dritten Blick bedeutend mehr her. Neben dem oben angedeuteten Epochen-Aspekt scheint mir auch der individuelle Aspekt, das Gleichnis auf menschliches Genußstreben, nicht ohne Kraft. Und hier sind weite Möglichkeiten heutiger Interpretation: vom ironisch beleuchteten Intellektuellen-Schicksal bis zur Tragödie des Übermenschseinwollens, vom Hohelied auf die den Fortschritt fördernde Tugend menschlicher Neugier bis zum Warnstück vor einem vertanen, unproduktiven Leben, das trotz aller erfüllter Wunschträume am Ende doch nur mit den Qualen des Unbefriedigtseins konfrontiert ist. Könnte es das alles zusammen bleiben, bekäme es ihm wahrscheinlich sogar am besten. Ich will lediglich noch darauf hinweisen, daß sogar die dickste Farce innerhalb des Stückablaufs noch doppelbödige Passagen enthält, die das Grundthema des Stücks spiegeln oder parodieren, wie jener Satz von Faustus auf seinen Gaul in der Roßhändler-Szene: „O doch, er will von allen Wassern trinken!", einer Szene, die mit der Heubündel-Story des Roßhändlers sogar die Situation Fausts am Ende des Stücks burlesk vorwegnimmt. Aber auch die Sehnsucht nach Trauben im Winter im Jahre 1592/3 sollte uns mit unseren Tiefkühltruhen und unserem weltumspannenden Südfruchthandel zunächst einmal in zustimmende Rührung versetzen. Wie der verehrte Leser heute den Papst behandelt sehen möchte, muß ich ihm selber überlassen, doch die problematische Beate-Klarsfeld-Methode scheint in der politischen Auseinandersetzung nicht so neu zu sein. Es wird deshalb ja auch überliefert, daß bei der Uraufführung dieses Höllenstücks, in einer Szene mit mehreren als Teufel verkleideten Schauspielern, plötzlich ein Teufel zu viel gezählt wurde! Kurz: das Stück hat es schon in sich.

Abschließend sei noch kurz auf die beiden interessantesten Beziehungen hingewiesen, die das Stück zu Zeitgenossen Marlowes hat. Da ist erstens die Beziehung zu Robert Greenes vorangegangenem Stück vom „Friar Bacon", der auch ein großer Zauberer ist und z. B. England mit einem Wall von Erz umgeben will, wie Faustus es in der ersten Begeisterung mit Deutschland vorhat. Der eingangs schon einmal zitierte A. W. Ward hat 1878 denn auch beide Stücke in einem Band ediert. Nun hat Greene, wie es seiner Art entsprach, mehr ein romantisch-liebenswürdiges Stück geschrieben, der „Doktor Faustus" ist dem „Friar Bacon" sowohl gedanklich als auch sprachlich haushoch überlegen. Dieses Bewußtsein schon vorhandener und sich noch entwickelnder Kraft ist bei Marlowe sogar an einer Stelle im Stücktext ausgedrückt, einer Stelle, deren Doppeldeutigkeit, soweit ich sehe, bisher noch gar nicht bemerkt worden ist. Die Anspielung geht in der Übersetzung leider verloren; doch sie ist, da sie im B-Text fehlt, ein zusätzlicher Hinweis auf die marlowesche Autorschaft des A-Textes. Am Schluß des kurzen Zwischenspiels nach Szene 6 sagt nämlich Faustus zu Mephostophiles auf dessen Frage, ob er zu Pferde oder zu Fuß reisen wolle, in der originalen Orthographie:

Nay, til I am past this faire and pleasant greene,
ile walke on foote.

„Faire" (fair) heißt „schön", „lieblich", aber auch „eben", „flach". Und „pleasant" heißt „munter", „lustig", „spaßig". „Greene" (green) aber heißt die „Wiese", die „Aue" — und es heißt eben Greene. Der zweite Sinn dieses Satzes ist also die Erklärung des 28-29jährigen Autors, daß er so lange „zu Fuß gehen" wolle, bis er über diesen flachen, spaßigen Greene hinaus sei.

Er war es schon. Seine Spitzenstellung als Tragödiendichter war 1592 schon voll anerkannt, selbst von Greene, wie man in dessen postum veröffentlichtem „Groatsworth of Wit" zwischen den Zeilen nachlesen kann. Was die Sprache betrifft, so hat Marlowe zwar den englischen Blankvers nicht erfunden oder als erster aufs Theater gebracht, wie hie und da zu lesen, aber ihn mit einer bis dahin unbekannten Kraft und Musikalität erfüllt. Und damit komme ich zur zweiten der Beziehungen unseres Stücks, von der ich reden wollte. Obwohl Marlowe, wie neuerdings immer mehr eingesehen wird, auch vom jungen Shakespeare gelernt hat (sein „Eduard" ist von dessen ersten Geschichtsdramen beeinflußt), so ist andererseits der Eindruck, den die Produktion Marlowes auf Shakespeare ausgeübt hat, trotz der Verschiedenheit der Temperamente lebenslang gewesen. Shakespeare hat auf jedes Stück Marlowes, ja selbst auf die Lyrik und die Übersetzungen, in irgendeiner Form reagiert, sei es mittels der Parodie, des Zitats oder der nachgestaltenden Variation. So wird, was unser Stück speziell angeht, die berühmte Helena-Anrede Fausts in „Troilus und Cressida" fast wörtlich zitiert, und noch dem alternden Shakespeare ist bei der Schöpfung *seines* „Zauberers" Prospero im „Sturm" der Doktor Faustus wohl nicht völlig aus dem Sinn gewesen. Faustus und Prospero sind die jeweils letzten großen Figuren der beiden Dramatiker, und der Name dieser Figuren hat in beiden Fällen die Bedeutung „Der Begünstigte".

Nachwort zu beiden Stücken 1999

Shakespeares Dramatikerkollegen interessierten mich seit Studententagen. Wenn irgendwo ein neuer Zugang zum Rätsel Shakespeare zu finden war, dann da. Nach Übertragungen von Dramen John Websters und John Fords (ehemals Bühnenvertrieb Kiepenheuer & Witsch, Köln) wurden ab Frühjahr 1972 die hier gedruckten beiden Dramen-Übersetzungen nebst Kommentar den deutschsprachigen Theatern angeboten (Bühnenvertrieb Felix Bloch Erben, Berlin). Eine „Veröffentlichung" war das nur in sehr beschränktem Maß. Zwar waren die in der üblichen Heftform gedruckten Texte, speziell der „Faustus", außer in Dramaturgenbüros etwa auch in der Shakespeare-Bibliothek München oder im Faust-Museum Knittlingen einsehbar, mein (Probleme antippender) Shakespeare-Essay 1974 in der Fachzeitschrift „Theater heute" enthielt auch einen kurzen Hinweis auf diese Marlowe-Bemühung, das Bamberger Theater spielte 1985 den „Faustus", die auf das Shakespeare-Umfeld spezialisierten Professoren Schlösser (Berlin) und Tetzeli von Rosador (Münster) lasen dankenswerterweise die Arbeiten, doch auf den allgemeinen Buchmarkt finden die Sachen erst jetzt durch das Interesse des gegenwärtigen Verlegers.

Die Situation hat sich in den 27 Jahren ziemlich verändert, sowohl hinsichtlich der internationalen Marlowe-Edition als auch hinsichtlich der Durchblicke in meinem eigenen Kopf. Artikel von Fredson Bowers (Studies in Bibliography 1973), Constance Brown Kuriyama (English Literary Renaissance 1975), Michael J. Warren (English Literary Renaissance 1981) und Michael H. Keefer (Journal of English and Germanic Philology 1983) kritisierten ebenfalls die Hauptthese Gregs von der B-Text-Überlegenheit im Fall „Faustus" und bewirkten wiederum eine völlige Kehrtwendung der Editionspraxis. Neue kommentierte Ausgaben dieses Stückes als preiswerte Paperbacks sind auf dem Markt, u.a. von folgenden Herausgebern:

> David Ormerod & Christopher Wortham (University of Western Australia Press 1985)
> Roma Gill (Reihe „The New Mermaids", London 1989)
> Michael Keefer (Broadview Press, Peterborough Ontario, Kanada, 1991)
> David Bevington & Eric Rasmussen (Reihe „The Revels Plays", Manchester 1993)

Alle diese Ausgaben drucken jetzt den A-Text. Die zuletzt genannte, den letzten Stand repräsentierend, druckt sogar beide Texte hintereinander, wie einst Alexander Dyce 1850. Als Handreichung verdienstvoll, aber auch: so, entscheidungslos, kann man natürlich nichts falsch machen, und wir sind wieder am Ausgangspunkt der ganzen Sache. Irgendwie scheint der leibhaftige Teufel in der Problematik zu stecken, der Kreisgang der Forschung ist zu verblüffend.

Beim A-Text bleibend: auch zu der notwendigen Neuplazierung der beiden Clown-Szenen gab es inzwischen Einsichten in der akademischen Diskussion. So teilweise von Roy T. Erikson, leider am B-Text demonstriert (English Studies 1981), ja schon in Harry Levins altem Marlowe-Buch „The Overreacher" (Havard UP 1952, London 1954), kürzlich von mir antiquarisch erworben und erstmals gelesen, finde ich einen kurzen Gedanken für solche Überlegungen (S. 145). Die Anregungen wurden in den neuen Editionen fortschreitend sensibel aufgenommen, bei leider mangelnder grundsätzlicher Struktur-Diskussion: Ormond & Wortham haben strukturlosen Text und sehen daher das Problem gar nicht; Gill teilt in 13 Szenen und 5 Chorusse auf und plaziert die fraglichen A-Text-Clown-Szenen diskussionslos nach B-Text-Vorbild, dadurch teils richtig, teils falsch; Keefer plaziert erstmals richtig, führt allerdings zu allgemeiner Konfusion wieder einmal Akte und Szenen ein und mischt gelegentlich auch B-Text in seine Ausgabe; und Bevington & Rasmussen schließlich folgen Keefer in der richtigen Neuplazierung der beiden Clown-Szenen sowie der willkürlichen Akteinteilung ihres A-Textes.

Wie soll man die Situation danach bezeichnen? Von meinem 1972-Standpunkt aus: ziemlich erfreulich. Der Standpunkt ist nicht mehr gar so einsam. Lediglich in umfassenden Strukturfragen ist noch unterschiedliche Sicht; im Fall „Massaker" mit positiver Ausnahme von Greg (siehe Hinweis 1972). Aber in meinem eigenen Kopf gibt es auch eine ziemlich erfreuliche Veränderung: alles, was seinerzeit eine Sicht ausdrückte, wir könnten es bei den restaurierten beiden Texten mit dem originalen Marlowe zu tun haben, widerrufe ich hier mit Nachdruck, auch gegen neueste Tendenzen mit genau einer solchen Annahme (z.B. Michael Keefer in seiner „Faustus"-Einleitung, Seite XIII; und Kristen Elizabeth Poole in ihrem „Massaker"-Artikel in „Comparative Drama", vol. 32, 1998). Diese Annahme muß ich heute leider als naiv einstufen. In Überlieferungsfragen zum elisabethanischen Drama, davon kann und werde ich nächstens ein kleines Lied singen, hören die Selbstkorrekturen einfach nicht auf.

Am radikalsten hat sich meine Sicht auf das „Massaker von Paris" verändert. Es bleibt in meinen Augen zwar eine Art Zwillingsstück zum „Doktor Faustus" und hat auch sehr viel mit Marlowe zu tun, nur glaube ich, es teilt im entscheidenden Punkt das Schicksal von „Dido" und „Tamerlan": er hat es nicht geschrieben. Um im akzeptierten Marlowe-Kanon den Autor dieses Namens zu finden, ist es außerordentlich ratsam, sich strikt an die anderen drei Stücke zu halten: „Edward der Zweite" und „Jude von Malta" und „Doktor Faustus". Diese Sicht im Fall „Massaker" zu begründen, seien im folgenden die ersten Hinweise gegeben, hier ist noch sehr viel Forschung zu leisten, doch zuerst muß der Blick dem echten Zwilling, dem „Doktor Faustus" gelten.

Was ist denn das für ein Stück? „Tragicall History" meldet uns die alte Titelseite. Warum nicht „Tragedy", die normale Bezeichnung für einen katastrophal endenden Theatertext? Nebenbei: nur in der Quarto-Ausgabe des „Hamlet" finde ich noch diese merkwürdige Titelformulierung; der maßgebliche Text auch 1604 gedruckt, auch eine Geschichte mit Bezug zu Wittenberg. Werden da nicht insgeheim zwei Aussteiger-Typen beschrieben, ein berauscht-entschlossener und ein melancholischer? Shakespeares Held beiseit, die Historie von Doktor Faustus, mit ihren ausgedehnten Farcen-Elementen, ist offenbar eine Geschichte, die tödlichen Ernst und „tongue in cheek"-Haltung zu mischen sucht: da ist ein kräftiger Hauch von Komödie, fast eine Art Tragödien-Parodie. Daher zur überlieferten Titelformulierung: sollte man sich vielleicht der altbekannten Wortspiellust der „old boys" erinnern und den Titel als „Tragickill History" entziffern? Etwas davon ist spürbar, aber ich glaube, es ist noch nicht der Punkt: schließlich bleibt das Stück eine Tragödie.

Von nachdenklichen Verehrern des Dramatikers wird ja immer

wieder auf den rätselhaften Widerspruch hingewiesen, der zwischen den von anderen berichteten blasphemischen Marlowe-Aussprüchen und dem prinzipiellen Geist der „Faustus"-Fabel besteht. So heißt es z. B. bei Paul H. Kocher in der Einführung zu seiner Edition des Dramas (Reihe „Crofts Classics", Wheeling, Illinois, 1950): „Diese Theologie im Stück stellt ein interessantes biographisches Problem dar, da sie völlig das Gegenteil von dem ist, was alle überlieferten Zeugnisse aussagen hinsichtlich Marlowes eigener Einstellung zum Christentum." Wie steht es um die Probleme der Marlowe-Biographie, und speziell um ihr größtes Rätsel am Schluß? Bekanntlich wurde im Jahr 1925 ein Büchlein des amerikanischen Professors Leslie Hotson veröffentlicht: „The Death of Christopher Marlowe". Es schien den legendären Tod des Dramatikers in Deptford endlich und überraschenderweise aktenmäßig zu belegen. Verwunderung und Unglauben über die dort beschriebenen Geschehnisabläufe sind zwar nicht ausgeblieben, doch diese sind heute mehrheitlich als historisch akzeptiert. Eine genaue Lektüre der gefundenen Dokumente hinterläßt bei mir das unbehagliche Gefühl, hier mit einem meisterhaften Wind-Ei, dem Produkt eines elisabethanischen Über-Kujau konfrontiert zu sein. Das fängt bei merkwürdig-fehlerhaften Wortwiederholungen in angeblichen Gerichtsakten an und endet beim beschriebenen Tathergang. Kurz: ich glaube das nicht. Aber ist eine Alternative in Sicht? Marlowe hat aufgehört zu schreiben, irgendwann um 1593, das ist sicher. Und „Doktor Faustus" ist sein letztes Stück, alles klingt nach Abschied, denn daß hier Autobiographie in der „Story" steckt, fühlen ja die meisten: der Theologe im akademischen Milieu, wie Marlowe. Doch Marlowe hatte in Cambridge mit einem Stipendium von Erzbischof Parker studiert, mit der Ver-

pflichtung, Priester zu werden. Er muß irgendwann das Gefühl gehabt haben, Schaden an seiner Seele zu nehmen, wenn er das Versprechen bricht: „zur Hölle zu fahren". Die Geschichte von Doktor Faustus hört sich an wie die ernst-lustige Warn-Biographie, die ihr Autor sich bei einer falschen Entscheidung für sich selber ausmalt. Und alle blasphemischen Aussprüche und knackig-provozierenden Zitate, die in der Marlowe-Legende überliefert sind, sollten wir schnellstens vergessen, so wie die Dokumente über seinen „Tod". Unser Über-Kujau hat immerhin Symbolgefühl gehabt: Marlowe ist 1593 als Dramatiker „gestorben". Ich sehe ihn danach als Priester irgendwo auf dem englischen Land: ein Leckerbissen für künftige Forschung! Und unser Titel-Wortspiel sei nach dieser Vision noch einmal abgewandelt: „Tragic Kill-History" ist die Variante, die mir die Geschichte eines Dramatiker-Selbstmords bei Bewahrung seelischer Integrität schon ziemlich gut auszudrücken scheint.
Selbst die Jahreszahl „1604" trägt vielleicht noch Sinn: „sixteen-four", nun ja, das heißt auch „thickest teen for" (wegen schwerstem Schaden). Wer weiß, welcher Theaterfreund da heimlich seine Klage verewigt hat! Und dann besteht das Stück aus 20 Teilen (9 Hauptszenen, 8 Zwischenspiele, 3 Chorusse): sollte das „twenty", gelesen als „twain-tea" (Trennungs-Tee) oder „twain-T" (Trennungs- Kreuz) ebenfalls ganz zufällig sein? Überzeugen wird Zweifler aber der Klang des Namens der Titelfigur: warum „Faustus"? Sicher, da ist das lateinische Wort, auch „gesegnet" bedeutend, doch wir haben hier einen englischen Text, und da klingt „Faustus" schlicht und einfach wie „forced is": Marlowe als der innerlich Gezwungene, der sich entscheiden muß. Das Abschiedsstück.
Daß er aus dieser Situation Weltdramatik gemacht hat, ist schon

beeindruckend. Sein Witz ist natürlich: das Theater, dem er den Rücken kehren muß, steht für die Hölle! Seine Kollegen da: da sind Teufel! Vielleicht Shakespeare als Mephostophiles gefällig? Ich glaube schon: so kollegial, wie der spricht, so stöhnend über die Einsamkeit und „Hölle" der Verdammten (d.h. der Schreibklausur), aber auch so wild das „Reich" verteidigend, das kann kaum jemand anders sein. In der 4. Szene wird er gefragt: „Wer schuf die Welt?" Er antwortet: „Ich will nicht". Englisch: „I will not". Das kennen aufmerksame Shakespeare-Leser, das heißt natürlich auch „I, Will, not" und ist kein so ganz schlechter Marlowe-Scherz: „Ich, William Shakespeare, nicht"! Noch der letzte Schrei des im Stück imaginierten Negativ-Ichs des scheidenden Marlowe gilt dem speziellen Gegenüber: „Ah, Mephostophiles!" Und könnte im Klang vielleicht auch etwas dunkler eingefärbt werden: „Awe, Mephostophiles!" Ehrfurcht in mehrfacher Bedeutung, bekundend und fordernd. Wollen wir etwas über das Verhältnis der beiden in Erfahrung bringen, hier, meine ich, ist ein Text, der Möglichkeiten bietet.

Weitere versteckte Bedeutungen? Hinsichtlich Wagner hat sicherlich Hans Walter Gabler recht, wenn er schreibt: „Wagners Parodie ... schafft ... die Voraussetzung dafür, die Gestalt des Faustus ohne magische Aura in gewöhnlicher menschlicher Perspektive zu sehen" (Dissertation über Parodie im elisabethanischen Drama, 1965). Dazu ist Wagner der „Erbe" von Faustus, also der Marlowe nach dem Abschied vom Theater. Wichtige Episodenfiguren wie Luzifer, der Oberherr der „Hölle", oder der Kaiser: das ist sicherlich stets George Peele, der geistige Vater des jungen Shakespeare und auch Marlowes Anreger (u. a. durch „Friar Bacon", der falsch zugeordnet ist). So wie der episodische Gegenpol (Papst, Ritter, Roßhändler) nicht ohne

Hintergedanken an die Auseinandersetzungen mit Robert Greene konzipiert sein dürfte. Vor allem aber wird in der Literatur über Marlowes Stück immer wieder versichert: entscheidend für Faustus' Schicksal ist Helena, die „Hellen" des Originals. Dem kann man nur zustimmen, denn das ist „hell in", die verführerische „höllische" Theatermuse in Marlowes bedrängter Sicht; während der merkwürdige „Alte Mann", plötzlich als Gegenpart auftauchend in der Helena-Szene, als Marlowes grotesk-liebevolle „Vertheaterung" von Erzbischof Parker, dem Mäzen seiner Jugendjahre, wohl nicht ganz falsch gesehen ist.

Daß dieser autobiographische Aspekt des Stücks, bei längerem Umgang mit dem Text sich immer deutlicher abzeichnend, angesichts des Überlieferungszustands überhaupt wahrgenommen werden kann, ist eigentlich eine Überraschung. Die Schlußfolgerung ist, daß die eingangs angedeutete Entfernung des Textes vom imaginären Original Marlowes doch diesen Aspekt berücksichtigte, also mit Kennerschaft vorgenommen wurde. Die Tatsache einer solchen Entfernung, d.h. hauptsächlich Kürzung, steht bei längerem Umgang ebenso außer Frage. Ich gebe sogar zu bedenken, ob nicht der abgekürzte Verfassername auf der Titelseite, dieses „Ch. Marl.", den Grad der Kürzung insgeheim zum Ausdruck bringt: 6 Buchstaben von 18, das hieße, wir haben nur ein Drittel des Originals, wenn auch strukturell stabil. Ob dieses Verhältnis übertrieben ist oder nicht, die Beschneidung selbst wird meines Erachtens heimlich bestätigt durch den lateinischen Nachsatz, der den Druck von 1604 beschließt: „Terminat hora diem, terminat autor opus" (Die Stunde beendet den Tag, der Autor beendet das Werk). „Terminat" heißt nicht nur „beendet", es heißt auch „beschränkt".

Für zwei kleine Korrekturen gegenüber dem Druck von 1604 und meinem Text von 1972 noch kurz Rechenschaft. Erstens ist die merkwürdige Auftrittsanweisung für Szene 8, wo Faustus „mit zwei oder drei Gelehrten" erscheint, neu bedacht worden. Zwei oder drei? Den dritten, bin ich geneigt, für den Editor unseres Textes zu halten, und habe ihn freundlich hinauskomplimentiert. Die restlichen zwei harmonieren bei Neuverteilung der Repliken in Szene 8 und 9 sehr schön mit den zwei Gelehrten aus Zwischenspiel 1. Und zweitens habe ich den stummen „Beelzebub" aus Szene 4 und seine diversen sprunghaften Erwähnungen (wo stets Luzifer auch paßt) herausgenommen: da ich hier niemanden sah, für den ich ihn halten soll, sogar quasi an mich genommen.

Damit zum „Massaker von Paris": und was ist das für ein Stück? „Tragödien-Burleske" sagen die einen. „Verstümmelter Text" sagen die andern. „Kraftvolle Naivität" meinte ich einst zu spüren. Das Stück wurde immerhin ab und zu gespielt in unserem Jahrhundert: z.B. 1966 in Cambridge (s. Oliver-Edition 1968, Introduction S. 51) und 1981 in Glasgow (s. Times Literary Supplement, 13.2.1981). Der TLS-Kritiker W.W. Robson beschreibt die Aufführung so:

„Sie zielen auf eine vollblütige elisabethanische Darstellung, temporeich, lustvoll, viel Gebrauch machend von stilisierten Gesten, rhetorischen Posen und·symbolischen Bildern. Die Inszenierung hält sich zurück, das Stück zu karikieren: ein vollmundiger Text wird gegeben, und wenn eine Spur von Parodie, oder Selbstparodie, offenkundig ist, kann man auch sagen, daß viele elisabethanische Stücke das absichtlich mit einschließen." Und der Bericht endet: „... eine unterhaltsame und nicht ganz uninformative Aufführung."

Also spielbar ist dieser Text offenbar, doch die merkwürdige Naivität bleibt, wie immer auch kraftvoll, und damit das Gefühl, irgendwie hatte da vielleicht jemand irgendwo irgendwann die Zunge in der Backe. Klar ist, wie früher schon gesagt, der Zwillings-Charakter des Stücks zum „Faustus" von 1604, und wenn Henslowe mit seinem „Diary" vertrauenswürdig ist, wäre das Stück ja auch etwa zur Zeit des „Faustus" entstanden. Somit auch ein Abschiedsstück? Ist vielleicht die gleiche Konstellation von versteckten Proträts zu finden wie beim „Faustus"? Die Sache scheint einfach, und zwar schnell mit „ja" zu beantworten. Ist nicht für Kenner der Herzog von Guise = Greene, König Charles = Lyly, Navarra = Shakespeare, der Admiral = Peele und König Henri = Marlowe? Beabsichtigt ist diese Galerie, aber stutzig macht die Zeichnung von König Henri doch: das riecht nicht nach Selbstporträt, das riecht nach Außensicht auf das Wechselverhalten eines Menschen. Auch der Mönch, der König Henri „ermordet", wenn er denn Erzbischof Parker symbolisieren soll, wäre nicht im Geist Marlowes konzipiert, sondern im Geist eines kritischen Außenstehenden. Und die Einwände massieren sich: Reime, untypisch für Marlowe, ausgerechnet im Guise-Monolog; Zahlenrätsel daselbst; der mehrfache Widerspruch von Text-Telegrammstil und ausführlichen Bühnenanweisungen; die Parallelstellen, wenn nicht Zitate aus Shakespeare-Stücken; kein Eintrag im Buchhändler-Register (wie dubios dasselbe immer sein mag); das fehlende Druckdatum der Erstausgabe; die Konfusion beim Premierendatum in „Henslowe's Diary" (wie dubios auch das immer sein mag), wo der 30.1.1593 doppelt besetzt ist; das überlieferte Manuskript-Fragment mit seinen Abweichungen, das ja vielleicht eine bewußt lancierte Flaschenpost zur Warnung sein könnte; und schließlich die grundsätzliche Frage, ob das Bühnenkonterfei eines regierenden Nachbarkönigs (Henri IV.) überhaupt möglich war, politisch und geschmacklich. Mein Gefühl sagt nein. Es sagt zum „Massaker von Paris": dies ist ein Stück in einer Art legerem Marlowe-Stil, geschrieben nach 1610 (Tod von Henri IV.), von einem an Marlowe, seinem Schicksal und seinem Umkreis interessierten Autor. Dekker? Rowley? Heywood? Vieles ist möglich. Um dieses Nachwort total unwissenschaftlich zu beenden: ich tippe auf Ben Jonson, ohne hier auch nur den geringsten Grund anführen zu können.

— das Werk, das in Ihrer Shakespeare-Ausgabe fehlt —

William Shakespeare
Edward III./Eduard der Dritte.

zweisprachige Ausgabe mit der unmodernisierten

Übersetzung von Ludwig Tieck

Nachwort von Uwe Laugwitz
240 S., geb., DM 42,-
für Abonnenten des *Neuen Shake-speare Journals* DM 36,-
ISBN 3-933077-03-6

Edward III. wird wie ich hoffe wegen seiner Merkwürdigkeit Interesse erregen, es ist eins der schönsten Jugendwerke des Dichters
Ludwig Tieck an Johann Friedrich Cotta, 17. Juli 1822

Ich persönlich muß gestehen, daß ich nach der Lektüre des Stückes überrascht war, daß hunderte von Jahren gestritten werden konnte, ob es sich um ein Stück von Shakespeare handelt oder nicht.
Frank-Patrick Steckel

Viele Verse lang ist dies nun ein Stück um und über die Liebe, ist Seelenerkundung, Darstellung menschlicher (männlicher!) Schwäche, weiblicher Tugend — klischeehaft, jedoch mit hohem Sprachreichtum und einem intriganten Handlungsbogen — interessant durchgeführt und veredelt.
Rainer Hartmann, Kölner Stadt-Anzeiger

Wie auch immer, das Stück war des Ausgegraben-Werdens wert; so wenigstens die Meinung der Fachleute, der Shakespeare-Forscher. Sie haben wohl Recht, es ist viel mit ihm anzufangen.
Marion Löhndorf, General-Anzeiger